LA QUESTION DU PACIFIQUE

devant le Droit international

CONFÉRENCE

DONNÉE A LA SORBONNE

le 12 Juin 1919

PAR

E. MONTARROYOS

SOUS LA PRÉSIDENCE DE

M. Charles GUERNIER

Président des Semaines de l'Amérique Latine,
Ancien Sous-Secrétaire d'Etat, etc.

———— ✶ ————

PRIX : 2 francs.

PARIS

1919

TABLE DES MATIÈRES

AVANT-PROPOS DES ÉDITEURS

Le travail qu'on va lire a été déjà consacré, sous la coupole de la Sorbonne, par le très vif succès que son auteur a obtenu quand il l'a communiqué à l'auditoire d'élite qui remplissait, le 12 juin 1919, l'amphithéâtre Richelieu.

La réunion que nous évoquons a eu lieu sous la présidence de M. Charles Guernier, député, ancien sous-secrétaire d'Etat, président des « Semaines de l'Amérique Latine ». On remarquait dans l'assistance des diplomates, des délégués sud-américains à la Conférence de la Paix, des jurisconsultes, des professeurs, des écrivains, des militaires, un grand nombre en somme de personnalités françaises et des colonies américaines à Paris, notamment des colonies péruvienne, brésilienne, bolivienne, vénézuélienne. C'est pourquoi on peut dire, au témoignage de leurs chaleureux applaudissements et de leur suffrage à la thèse développée par l'écrivain brésilien. M. E. Montarroyos, que cette brillante réunion a été une démonstration particulièrement expressive de l'opinion éclairée, de France et du Nouveau Monde, en faveur des droits offensés du Pérou et de la Bolivie dans la grave question du Pacifique.

Dans la remarquable allocution que M. Charles Guernier a prononcée à cette occasion pour clôturer la séance, il a rappelé, en remerciant le conférencier de l'hommage rendu à la France, qu'elle a toujours défendu les peuples opprimés. Les paroles de M. Guernier ont été le commentaire très éloquent et l'approbation, discrète mais ferme, des idées formulées par M. Montarroyos dans sa « belle et substantielle » conférence, suivant le jugement de l'éminent député.

C'est cette conférence que nous offrons aujourd'hui au public. L'autorité de l'opinion qu'elle exprime est incontestable. Les titres intellectuels de son auteur sont assez connus pour que nous ayons besoin d'y insister. Le présent tra-

vail en est d'ailleurs une nouvelle preuve que les lecteurs apprécieront.

Nous nous permettons seulement de rappeler qu'à son autorité d'écrivain scrupuleux, M. Montarroyos ajoute, dans cette question délicate, la capacité du technicien qui, pendant des années, s'est occupé spécialement des problèmes géographiques et de droit international concernant les litiges de frontières en Amérique du Sud.

Il a été un des membres de la commission mixte de délimitation de frontières entre le Brésil et la République Argentine. Ancien officier d'Etat-Major dans l'armée brésilienne, il a été maintes fois chargé d'étudier les questions de limites, toujours si ardues, entre les républiques sud-américaines. Et ses opinions se sont invariablement inspirées de la justice internationale et de la fraternité américaine.

On sait d'ailleurs que M. Montarroyos a quitté le service actif de l'armée brésilienne, au début de la guerre de 1914-1918, pour se consacrer librement à son apostolat en faveur de la France et de l'Humanité, menacées par l'Allemagne impérialiste. Au moment de la première ruée des armées allemandes, en 1914, contre Paris, où il se trouvait, M. Montarroyos a offert ses services, comme capitaine du génie, à l'autorité française. Dès les premiers jours du mois d'août 1914, alors que la neutralité dans le grand conflit provoqué par l'Allemagne était admise comme une attitude légitime par tous les gouvernements, M. Montarroyos l'a combattue vivement, démontrant, dans ses nombreux articles et ses brochures, qu'elle était une faute contre les lois sociologiques et un danger pour la cause de la civilisation.

Tel est l'écrivain qui demande aujourd'hui à la Société des Nations de se prononcer dans le conflit du Pacifique et de déclarer nuls les traités que le Chili a imposés au Pérou et à la Bolivie, en se prévalant d'une regrettable victoire de la force sur le droit.

Les Editeurs.

Paris, 1919.

La Question du Pacifique
devant le Droit international

PRÉAMBULE

Monsieur le Président,
Mesdames,
Messieurs,

C'est un sujet bien délicat que celui dont je viens vous entretenir. L'honneur de le traiter devant vous, dans cette enceinte, d'où la parole sort pour retentir en échos qui vont saisir l'opinion universelle, me fait sentir davantage la redoutable extension de ma responsabilité. Je l'avais, certes, comprise dans toute sa profondeur lorsque cette tâche m'a été offerte. En l'acceptant, j'en connaissais les grandes difficultés. Rien n'excuse donc ma témérité.

Mais comment me refuser, engagé comme j'étais dans la bataille pour la cause de la justice internationale, à occuper le poste dangereux que les hasards d'une noble lutte me proposaient? Mis dans une alternative pressante, j'avais le choix où de me dérober au devoir que les circonstances me traçaient, ou de puiser dans la conscience de ma faiblesse la force de m'épargner une semblable défection. Le moyen que je pense avoir trouvé pour essayer de sortir d'un tel embarras, c'est d'en user ici avec vous comme cet enfant du vieux conte persan à l'égard de son roi : ce moyen consiste à voir les choses comme elles sont et à communiquer ses impressions avec candeur, et hardiment. Je m'y appliquerai, j'aurai le soin de ne rien vous dire qui ne soit dans la manière naïvement fidèle qui convient à la sincérité. Aussi oserai-je espérer que vous apercevrez dans les appréciations que je vais vous présenter, les marques d'un grand effort d'impartialité et d'un invariable souci de discrétion. C'est la garantie que d'abord je tenais à vous donner.

APERÇU GÉNÉRAL

I. — Importance de la question

Aucun problème n'est grave en Amérique du Sud comme le litige qui trouble les relations entre le Chili, le Pérou et la Bolivie. Question extrêmement douloureuse, elle intéresse de près l'humanité entière. Pour ne pas en douter, il suffit d'abord de se rappeler la solidarité de notre espèce, cette admirable solidarité qui se manifeste à chaque instant de son existence par la dépendance mutuelle des éléments humains et qui se révèle dans la succession des temps par la continuité de l'organisme social. Belle et irrécusable solidarité, que la guerre dont nous sortons a fait voir aux plus sceptiques d'une façon terriblement saisissante ! Songez maintenant, pour mieux caractériser la gravité de la question qui nous occupe, que ce n'est pas seulement sur la paix sud-américaine que plane, comme une menace sinistre, la regrettable querelle qui sépare les Péruviens et les Boliviens des Chiliens.

En effet, ce différend porte en lui les germes d'un grand conflit. Pourront-ils se développer dans la situation internationale que va créer le prochain traité de paix ? Je ne sais, mais, je crains que le problème sud-américain dit du Pacifique, provoquant tout à coup une explosion violente, ne justifie pleinement cette dénomination : car l'explosion pourrait s'étendre d'un bord à l'autre de cet océan, pour gagner ensuite le bassin de l'Atlantique et débordant ainsi du Nouveau Monde, ravager une fois de plus la terre encore meurtrie. Qui serait assez imprudent pour affirmer que ne se forme pas, à l'heure actuelle, en Amérique du Sud, au préjudice de l'ensemble des nations grandes et petites des deux hémisphères, le terrible grain de sable qui mine, affaiblit, détraque et, subitement, rompt avec fracas l'équilibre des organismes les plus puissants et les mieux constitués ? Ne croyez pas que j'exagère. Regardez plutôt, avec une mâle et prévoyante sérénité, sur les ruines actuelles du monde, les pesants nuages qui les assombrissent encore. Je n'aime pas à jouer le rôle de Cassandre, mais je n'ai pas la vertu de passer à côté de la vérité en baissant les yeux devant la nudité qu'elle étale.

Vous jugerez, après l'exposition que je vais faire sans parti pris, sans passion, objectivement, si c'est une conjecture en l'air, un propos immodéré, ce que je viens de vous dire sur la dangereuse portée des conséquences qu'enferme la question sud-américaine du Pacifique. Je suis heureux d'être sur ce point de l'avis de M. le Député Maurice Spronck. Il a écrit dans le *Journal des Débats*, du 23 février 1919, ces paroles judicieuses : « L'Europe et le monde savent maintenant par expérience ce qu'il en coûte de laisser s'accumuler, sans les résoudre au fur et à mesure, les problèmes internationaux que pose le développement de l'histoire. L'incident chilo-péruvien n'est encore qu'un incident historique d'une importance secondaire. Si on lui permet de s'amplifier, nul ne sait ce qu'il peut être dans l'avenir. »

II. — Opportunité du Débat

Avant d'aller plus loin, permettez-moi de prévenir une observation qui aurait pour effet, si elle était juste, de m'inviter à ne pas poursuivre un discours inutile. « Est-ce qu'il y a réellement — peut-être me le proposerait-on — un problème territorial à résoudre entre le Chili, le Pérou et la Bolivie ? La victoire chilienne dans la guerre du

Pacifique n'a-t-elle pas irrévocablement tranché tous les différends de cet ordre et dissipé par avance toute possibilité de les ressusciter ? Des traités définitifs n'ont-ils pas été conclus entre le Chili et la Bolivie d'une part, et le Chili et le Pérou de l'autre ? »

Les traités, vous le savez, ne sont pas des « chiffons de papier ». Pourtant, entendons-nous : il y a traité et traité... Eh ! oui, Messieurs, l'Allemagne estimait que le seul traité d'airain était celui de Francfort. Il n'a pas résisté, malgré près d'un demi-siècle d'usurpation, au premier souffle vigoureux de la justice toujours imprescriptible. Pourquoi les traités que le Chili a imposés au Pérou et à la Bolivie par la seule logique de la force des armes ne seraient-ils pas discutables et n'auraient-ils pas finalement le même sort de celui qui leur servit de modèle ? Pourquoi n'iraient-ils pas se confondre pour le vrai bonheur du Chili, avec le traité de Francfort dans la même poussière abandonnée à l'oubli ? C'est ce qu'il me suffit, pour le moment, de vous dire afin de montrer la légitimité d'un large débat sur une question qui, loin d'être d'ordre privé, exclusivement régionale, comme le prétend l'opinion officielle du Chili, appartient au contraire au domaine public parce qu'elle affecte directement les conditions essentielles, morales et politiques de l'ordre international.

A ce propos, je suis amené à éclairer encore un point préliminaire. N'y aurait-il pas, malgré l'évidence des considérations précédentes, quelque indiscrétion de ma part, n'étant ni Chilien, ni Péruvien, ni Bolivien, à m'immiscer en public dans leurs différends ?

Je pourrais me contenter de répondre à cela avec la sagesse si souvent invoquée du grand Térence : « *Je suis homme, et rien de ce qui touche à l'Humanité ne m'est étranger.* »

Mais je me permets d'y ajouter quelques mots. Vous

savez que la presse mondiale s'occupe aujourd'hui de la célèbre question du Pacifique. En Amérique du Sud, elle provoque un grand émoi, notamment au Brésil, où les journaux publient des articles très vifs. Partout on prononce des jugements contre le Chili. Les publicistes français ne cessent de consacrer à ce sujet des pages ardentes où ils manifestent, avec leur liberté ordinaire, la plus vive sympathie pour la cause du Pérou. Est-ce là une inconvenance ?

Chacun de nous, Messieurs, le plus puissant comme le plus humble représentant de notre espèce, est le dépositaire d'un mandat inviolable que lui octroie la souveraineté de l'opinion publique universelle. La meilleure façon d'être digne de ce mandat c'est de bien le remplir. C'est ce que je tâche de faire en ce moment, dont l'opportunité est singulièrement frappante. Et puis laissez-moi vous le répéter, cette faculté que chacun peut exercer librement, est pour moi, à l'égard du plus inquiétant des problèmes qui se posent en Amérique du Sud, un véritable devoir. Devoir de fraternité continentale, devoir de bon voisin, devoir d'ami qui désire le bonheur de ses amis et qui a le droit de les inviter à vivre en paix au moins pour ne pas troubler la tranquillité de leurs amis. Devoir pénible, certes, sous certains aspects ; mais encore là, c'est un stimulant pour m'en acquitter loyalement que d'être, comme je le suis, en parfaite communauté de sentiments et d'idées avec l'élite des Chiliens, qui proclament, comme M. Juan Enrique Lagarrigue, que le Chili doit se décider « à rendre ce qui moralement ne lui appartient pas. » (1)

C'est pourquoi, Mesdames et Messieurs, vous ne vous étonnerez pas que je vous dise maintenant une chose, qui d'ailleurs n'est aucunement en contradiction avec le sens de ma phrase de tout à l'heure, alors que je vous promet-

___

(1) J.-E. Lagarrigue. *Nuevas advertencias sobre Tacna y Arica.* Santiago de Chile. 1905.

tais de parler ici sans passion. Voici ce que je dois y ajouter. Chaque fois que d'aventure je laisserai à mon cœur la pleine liberté de parler au cours de la démonstration, toute rationnelle, que je vais aborder, soyez sûrs qu'il s'inspirera avant tout, et surtout, non pas de ma vive sympathie pour le Pérou et la Bolivie, mais de l'estime affectueuse que je consacre au Chili. Car le vrai ami, — faut-il le rappeler — n'est-ce pas celui qui ne flatte pas les passions mauvaises de ses amis ? Il souffre de leurs erreurs, et il a le courage de les en avertir cordialement.

III. — La solutioŋ du boŋ seŋs

Il est toujours bon, quand nous cherchons à nous former une opinion sur quelque sujet notoire, de scruter l'impression qu'il produit dans le public, d'analyser les émotions collectives qu'il provoque, de pénétrer, en un mot, le jugement spontané du bon sens vulgaire. Dans sa droiture naturelle, l'âme populaire ne se trompe presque jamais, lorsqu'elle est suffisamment informée et qu'aucune passion perturbatrice ne l'agite. C'est là un procédé logique d'une valeur inestimable, si l'on sait s'en servir. On consulte de la sorte les oracles éternels de la sagesse universelle. C'est par eux que parle sans artifice, en s'éclairant instinctivement de l'expérience des siècles, le cœur même de l'humanité.

Quel est le jugement porté, invariablement ratifié, par ce tribunal auguste, sur la question du Pacifique ? Ecoutez l'opinion publique, en particulier l'opinion publique sud-américaine qui a suivi plus attentivement, dès ses origines, les péripéties du conflit. Oh ! son arrêt est simple ; il a la clarté des raisonnements sains ; le voici : — le Chili retient sous sa domination des territoires qui, suivant la tradition continentale, absolument véridique, ne lui ont jamais appartenu. Ces territoires, le Chili s'en empara au détriment du Pérou et de la Bolivie en employant la ruse et la force : par la ruse, le Chili créa le litige, par la force il arracha aux deux victimes, après une guerre inique, la cession de leurs biens. Donc, les territoires usurpés doivent être restitués à leurs possesseurs légitimes. — Voilà le verdict de la conscience sud-américaine qui a toujours, au moins depuis l'Indépendance, repoussé comme un crime, la guerre de conquête. Aussi, d'un avis unanime, l'opinion publique du Nouveau Monde n'a-t-elle jamais cessé de réprouver la conduite du Chili envers le Pérou et la Bolivie.

L'équité collective est franche et va droit au but ; elle ignore les faux fuyants. C'est là sa faiblesse — diront quelques juristes. C'est là sa force — répliqueront tous les philosophes. Celui qui ne s'engage pas dans les détours aperçoit aussitôt, d'un bout à l'autre, sur la route droite, tous ses points culminants. C'est le privilège de la logique du sentiment, qui est la logique des peuples ; et quand il est noble, le sentiment qui les stimule à raisonner, leurs idées sont en général justes. Il vous souvient de l'observation de Vauvenargues : les grandes pensées viennent du cœur.

Mais je n'ai pas l'intention d'appuyer les arguments que j'ai à vous offrir uniquement sur des raisons de haute sentimentalité. Il est temps de compléter les inspirations du bon sens naturel avec les ressources de la méthode scientifique. S'il était utile, pour mieux faire ressortir les aspects caractéristiques du problème, d'invoquer d'abord, dans la naïveté de leur rudesse, les témoignages éloquents de la sagesse populaire, il est nécessaire maintenant d'armer sa logique spontanée de l'appareil délicat et complexe du rationalisme systématique.

LA DÉMONSTRATION RATIONNELLE

Position du problème

La première chose que nous avons à faire, c'est de poser le problème dans ses véritables termes.

On sait en quoi il consiste et quelle est la nature du litige. Le vaste et riche territoire contesté entre trois nations du Pacifique appartient-il de droit à celle qui l'exploite de fait depuis plus d'une trentaine d'années ? S'il ne lui appartient pas, quel est le moyen légitime et pratique de trancher la question au gré des intérêts suprêmes de l'humanité ?

Voilà qui trace, dans son ensemble, la marche de la démonstration à donner, en lui indiquant nettement le but qu'elle doit atteindre. Cela exige que nous examinions les origines, l'évolution et la situation actuelle du débat en question.

LES ORIGINES

I. — Situation des territoires en litige jusqu'en 1840

Pour saisir les origines de cette question, il nous faut d'abord connaître la situation géographique des territoires contestés et leur situation politique résultant de la constitution du Pérou, de la Bolivie et du Chili en nations indépendantes.

Ces territoires s'étendent en longueur, bordant le Pacifique sur le versant occidental des Andes, à partir du 27ᵉ parallèle de latitude sud (limite entre l'ancienne capitainerie du Chili et l'ancienne vice-royauté de Lima) jusqu'à la rivière Sama, limite actuelle, au nord, entre le Chili et le Pérou. Je m'empresse de dire que les provinces de Tacna et d'Arica, que j'ai comprises dans la zone ainsi délimitée, ne sont pas occupées par le Chili au même titre que les autres parties de cette zone, c'est-à-dire Tarapacá, Antofagasta y Atacama. Nous verrons tout à l'heure la raison de cette réserve. Pour le moment, ce qui importe, c'est d'avoir une image précise de la riche bande de terre en litige. Vous avez cette image.

Voyons maintenant à qui appartenaient ces territoires, d'après l'*uti possidetis* de 1810 ; et je comprends dans cette formule non seulement les droits résultant de l'*uti possidetis juris* de 1810, mais aussi ceux résultant de l'*uti possidetis* effectif de la même année, parce qu'en réalité ici ces droits coïncident.

Tous les documents officiels de l'époque coloniale qui ont servi de base à l'*uti possidetis* de 1810 ; toutes les informations historiques indiquant les régions effectivement possédées par la Bolivie au moment où elle fut reconnue comme une nation indépendante ; les cartes géographiques ; les documents politiques, même ceux de source chilienne, antérieurs à l'an 1841, tels que les cinq constitutions, dont les textes ont été votés par les assemblées législatives chiliennes entre les années 1822 et 1833 ; tout cela prouve jusqu'à l'évidence que le « désert de l'Atacama » n'a jamais été compris dans le domaine territorial du Chili. C'était justement ce désert que, de son propre aveu solennel, de par les constitutions dont je viens de parler, le Chili reconnaissait comme étant sa frontière septentrionale. Et le désert d'Atacama commençait au 27° parallèle de latitude sud, comme le témoignent tous les documents publics et privés des temps coloniaux et de la première moitié du dix-neuvième siècle. Je me contente de citer à cet égard, la *Crónica del Perú* de Cieza de León, justement parce que cet ouvrage atteste précisément le contraire de ce que lui a attribué l'ancien ministre chilien D. Alejandro Fierro, auteur de la fameuse « *Exposition des motifs qui justifient la revendication par le Chili du territoire compris entre le 23e et le 24e parallèles de latitude méridionale* ». M. Fierro pouvait-il en effet, ignorer que la localité de Copiapo, située à peu près au 27e parallèle de latitude sud (l'ancienne Copayapo dont parle Cièza de León) marquait sur la célèbre route centrale du désert le premier point d'accès par le nord, du territoire chilien ?

A cette époque-là et jusqu'au traité d'Ancon de 1883, le Chili ne confinait donc pas au Pérou. Il y avait entre eux la Bolivie. Ce pays, autrefois connu sous le nom de Haut-Pérou, en se séparant de l'ancienne vice-royauté de Lima pour constituer la République appelée d'abord de Bolivar, reçut, pour limites, celles de l'ancienne Audience de Charcas. Autant dire, sous une autre forme utile comme documentation, que le désert d'Atacama appartenait tout entier à la Bolivie.

Jusqu'à 1840, personne ne songea à lui contester la souveraineté, sur toute cette vaste contrée. On la regardait, avec ses savanes sablonneuses, comme un obstacle levé par la méchanceté de la nature aux communications assidues qu'eussent désiré entretenir par là les deux bons voisins qu'étaient le Chili et la Bolivie. Mais la découverte d'une nouvelle richesse vint alors troubler, chez le Chili, ses premières dispositions amicales envers l'insouciante Bolivie. Les contacts du voisignage sont des pièges dangereux pour les âmes accessibles au démon de l'envie.

II. — Le germe du conflit

L'emploi du guano, comme engrais agricole, ne prit d'extension qu'à partir de 1840 ; et c'étaient surtout l'Angleterre et l'Allemagne qui importaient ce produit du Pérou. C'est à Malte-Brun que j'emprunte ce renseignement. Permettez-moi de citer à ce propos un passage de son précieux ouvrage par lequel vous verrez la situation enviable du Pérou dans le commerce du guano dont ce pays était alors le seul fournisseur :

« Sur les côtes du Pérou se trouvent quelques petites îles, dit Malte-Brun,... lesquelles servent de refuge aux pélicans, aux mouettes et aux flamants qui y viennent pondre et couver leurs œufs. Ce séjour leur a permis d'y accumuler leurs excréments en quantité tellement considérable, que le sol de ces îles en est couvert, en certains endroits, à plusieurs mètres d'épaisseur. Ce sont ces matières qui sont connues sous le nom de *guano* ou *huano*, et dont l'emploi comme engrais a pris dans l'agriculture, en Angleterre et en Allemagne, depuis 1840, une telle extension, que leur exportation forme aujourd'hui l'une des branches importantes des revenus du Pérou. Le petit port de Chincha en a expédié en 1850 pour 19.228.200 francs, et le droit perçu par le gouvernement péruvien pour l'exportation de cette denrée s'est élevé, en 1855 à environ 30 millions de francs. » (1)

Ainsi, en 1840, ou, si l'on veut, au plus tard en 1841, les Chiliens apprenaient que les Péruviens avaient commencé à faire avec l'Europe un commerce extrêmement avantageux ; l'exploitation du produit ne pouvait être plus facile, car elle se réduisait à le ramasser dans les immenses dépôts naturels ; et ces dépôts se trouvaient sur la côte du Pacifique à deux pas du Chili. On y apprit, en même temps, par les pêcheurs et les marins chiliens, que certains points des côtes boliviennes, tout auprès, étaient également fréquentés par ces oiseaux providentiels, producteurs d'une si belle richesse. Aussi, dès l'année 1841, la diplomatie chilienne s'appliqua-t-elle à rechercher, pour le Chili, des droits qu'elle ne trouva point, mais qu'elle allégua tout de même, à la propriété d'une partie d'Atacama.

(1) MALTE-BRUN. Géographie.

En 1842, des bateaux chiliens commencèrent à visiter clandestinement la côte bolivienne pour s'y approvisionner de guano. Le gouvernement bolivien réclama ; ses premières réclamations furent bien accueillies par le gouvernement chilien. Mais bientôt, lors de l'incident de Mejillones, les événements prirent une autre tournure. Des agents boliviens venaient d'arrêter, près de ce port, quelques aventuriers qui recueillaient du guano ; le navire de guerre « El Chile » prêta main-forte aux prisonniers, les mit en liberté, débarqua une troupe armée sur le territoire de la Bolivie, où les soldats chiliens bâtirent un petit fort, sur lequel commença de flotter le drapeau du Chili. Depuis lors, les incursions des Chiliens se succédèrent dans Atacama. Et, le 31 octobre 1842, le Congrès du Chili approuvait la loi déclarant « propriété nationale » tous les dépôts de guano existant dans la Province de Coquimbo, sur la côte d'Atacama.

Pour des coups d'essai, c'étaient des coups de maître ; les Chiliens commençaient à appliquer la méthode classique des usurpateurs : on envoie d'abord, sur la région convoitée, l'explorateur discret, ensuite le pionnier industriel, suivi de près du marin et du soldat. Le vrai propriétaire essaye-t-il de s'opposer à ce qu'on lui prenne son bien ? Le châtiment exemplaire ne se fait pas attendre ; l'envahisseur débarque des troupes, construit un fort, monte un comptoir à côté et déploye sur le tout un drapeau respectable, l'emblème de la patrie... Et puis, on publie une loi : l'abus de la force est consacré, légalisé, légitimé, béni. N'est-ce pas la doctrine allemande de la création des droits ?

Voilà les causes premières de la question chilo-bolivienne. Qu'ils étaient loin de soupçonner, ces pauvres oiseaux, pélicans, mouettes, flamants, que la matière vile dont ils se débarrassaient était devenue une pomme de discorde pour cette race étrange, puissante, peut-être

2.

divine à leurs yeux, qui conduit sur mer des oiseaux gigantesques et qui construit des nids immenses, indestructibles, formant sur terre des agglomérations si extraordinaires !.....

III. — La conquête dissimulée

La loi chilienne du 31 octobre 1842 produisit l'effet escompté. A la demande de révocation de cette loi faite par le gouvernement bolivien, le Ministre des Affaires Etrangères du Chili répondit, d'un air de surprise, que le Pouvoir Exécutif chilien, quelle que fût son opinion sur la question territoriale, n'avait pas l'attribution de toucher à une décision de l'Assemblée Législative. Ce trait caractérise la politique internationale que le Chili allait poursuivre. En tout cas, la première contestation officielle au sujet des frontières chilo-boliviennes, était faite. Le gouvernement du Chili avait atteint son premier but. Désormais, il pourrait parler d'un différend de limites entre les deux pays.

Les incursions chiliennes devinrent de plus en plus fréquentes sur les côtes boliviennes. Les Chiliens se rendirent compte de la grande valeur de la contrée d'Atacama. Aussi le 20 août 1857, le navire de guerre chilien « Esmeralda » se présenta devant le port de Mejillones et s'en empara ; les autorités boliviennes furent dessaisies violemment de leurs fonctions et expulsées de l'endroit par la force. Aux représentations de la Bolivie contre cet acte de spoliation, le gouvernement du Chili répliqua par une proposition de division du territoire d'Atacama et d'ouverture de négociations pour la délimitation des frontières.

La Bolivie, dont la situation intérieure était malheureuse, livrée à des gouvernements incapables, se laissa entraîner dans la discussion cherchée par son habile adversaire. Dès lors, elle fut saisie, comme une mouche imprudente, dans la toile de négociations ingénieusement tissée par l'araignée implacable. Sur les épisodes de cette phase, donnons la parole à un chilien éminent, M. Marcial Martinez ; il déclare, dans son ouvrage sur le Chili et la Bolivie que ses compatriotes n'auraient pas adopté d'autres moyens s'il leur eût fallu opérer dans un pays barbare (1).

La Bolivie résista d'abord longtemps aux exigences, mêlées de cajoleries, que lui proposait le Chili. Il est à remarquer que, dans ce long débat, les diplomates chiliens ne précisaient pas nettement la limite de leurs prétentions territoriales. Ils se tenaient à la thèse, d'ailleurs fausse, de l'indétermination de l'*uti possidetis* de 1810. A cet égard, il y a des déclarations formelles du Ministère des Affaires Etrangères du Chili, notamment dans le mémoire présenté par ce ministère, en 1861, au Congrès National. Dans un document du même genre de l'année de 1862, le gouvernement chilien confirme son avis sur l'*incertitude des limites* entre les deux pays et déclare que la Bolivie lui avait proposé de soumettre le litige à l'arbitrage d'une puissance amie (2). Pourquoi le Chili se dérobait-il, alors qu'il proclamait n'avoir d'autre désir que de fixer une ligne frontière avec la Bolivie, afin de tarir une fois pour toutes la source des difficultés entre les deux pays ?

Il faut se souvenir du point de vue que nous venons de caractériser et auquel se plaçait la diplomatie chilienne dans les années qui précédèrent celle de 1866. Cette année est devenue célèbre, dans l'histoire du différend chilo-bolivien, par la conclusion du premier traité de limites entre les deux pays.

(1) Marcial MARTINEZ. *Chile y Bolivia.*
(2) Voir *Message from the President of the United States, transmitting papers relating to the war in South America,* etc. p. 230. Washington.— 1882.

IV. — Le traité de 1866

J'adopte l'opinion d'un écrivain remarquable, M. Víctor M. Maúrtua (1), sur les circonstances qui facilitèrent à la diplomatie chilienne d'arracher ce traité inconcevable de 1866 au gouvernement de la Bolivie. Ce furent deux circonstances véritablement exceptionnelles : la première résulta du souffle d'enthousiasme et d'abnégation qu'avait provoqué en Bolivie et en d'autres républiques sud-américaines la nécessité de la défense commune contre l'agression espagnole soufferte d'abord par le Pérou et ensuite par le Chili ; la deuxième circonstance provint de la mauvaise direction donnée aux affaires publiques en Bolivie par le Général Melgarejo « le plus infortuné de tous les tyrans de cette malheureuse époque ». J'ai le devoir pénible d'ajouter à ce jugement un autre plus sévère, celui de l'éminent diplomate bolivien M. F. Avelino Aramayo : « En 1864, dit-il, le général Melgarejo s'empara du pouvoir et gouverna le pays en despote sans scrupule et sans patriotisme. Le Chili trouva en lui un instrument commode pour réaliser ses plans. Ce fut lui qui signa le traité de 1866... » (2).

Je regrette de raviver ces souvenirs douloureux, mais j'y suis obligé, car cela contribue à la démonstration de l'irrégularité des traités que le Chili obtint de la Bolivie.

Dans les négociations du traité de 1866, la diplomatie chilienne invoquait à l'appui de son pays l'*uti possidetis* de 1810, mais sans le préciser, car elle n'y pouvait trouver aucun droit, comme nous le savons déjà, à la possession d'un territoire quelconque au nord du 27ᵉ parallèle. C'est assez curieux comment certains auteurs chiliens rappor-

(1) Dʳ Victor MAÚRTUA. — *The Question of the Pacific.*
(2) A. ARAMAYO. — *Le Conflit du Pacifique devant le Congrès de la Paix,* article publié par l'*Eclair* (Paris, 2 mars 1919).

tent ces négociations. D'après eux, le Chili affirmait, avec raison, que sa frontière septentrionale devait suivre le 23ᵉ parallèle ; tandis que la Bolivie proclamait, à tort, que c'était le fleuve Salgado, au sud du 26ᵉ parallèle, qui marquait cette frontière. A tort !... O ! les mânes de l'Audience de Charcas et de la Capitainerie du Chili ! Mais poursuivons, toujours en nous en référant aux auteurs chiliens : après de longues négociations, les deux pays se sont résignés à accepter, comme transaction, le traité du 10 août 1866. Singulière résignation de la part du Chili ! Il recevait en réalité une sorte de donation ; c'était le premier document écrit, accordé par la surprenante libéralité du Général Melgarejo, dans lequel le Chili trouverait désormais une base légale pour prétendre aux titres qu'il allégua plus tard et d'après lesquels il aurait des droits de propriété sur le désert d'Atacama.

Je ne puis et je ne voudrais pas insister sur l'histoire de ces négociations, qui ont été menées par une mission chilienne envoyée en Bolivie dans le but avoué d'assurer l'adhésion de ce pays à l'alliance que le Chili avait célébrée avec le Pérou en vue de se défendre contre l'action militaire exercée alors par l'Espagne. Mais il faut dire que le Général Melgarejo, le président bolivien, malgré ses inexcusables largesses aux frais de son pays, envers le Chili, malgré son imprudente frivolité à accepter les étranges honneurs que lui octroya le gouvernement chilien, eut l'honnêteté de refuser les propositions des plénipotentiaires chiliens qui l'invitaient à conclure une alliance entre le Chili et la Bolivie contre le Pérou. Et le Pérou était alors l'allié du Chili et de la Bolivie ! Les conditions de cette alliance odieuse étaient les suivantes : la Bolivie cèderait au Chili tout son littoral avec le désert d'Atacama, et, par contre, elle s'emparerait du littoral péruvien jusqu'au port d'Arica, y compris, et de la province péruvienne de Tarapaca. Pour l'exécution de ce plan de conquête, le gouvernement chilien mettrait à la disposition du général Melgarejo tous les moyens nécessaires (1). Remarquez les intentions du Chili envers le Pérou à une époque où ces deux pays n'étaient pas limitrophes. Arica attirait déjà les regards du gouvernement chilien.

Le traité du 10 août 1866 a été pour le Chili son premier point d'appui d'apparence légale pour étendre davantage les tentacules de sa politique impérialiste. Voici l'article premier de ce traité : « La ligne de démarcation entre le Chili et la Bolivie, dans le désert d'Atacama, sera dorénavant le 24ᵉ parallèle de latitude sud, depuis la côte du Pacifique jusqu'à la limite orientale du Chili ; de sorte que le Chili au sud et la Bolivie au nord jouiront de la possession et de la domination sur le territoire s'étendant à partir du susdit parallèle, et y exerceront tous les actes de juridiction et de souveraineté inhérents au propriétaire du terrain ».

Malgré cette division, l'article II statuait que les deux républiques devaient se partager par moitié les produits de l'exploitation des gisements de guano découverts à Mejillones et de tous ceux que l'on viendrait à découvrir entre les 23ᵉ et 25ᵉ parallèles. Elles devaient également partager par moitié les droits d'exportation sur les minéraux extraits de la même zone.

Ce traité établissait en somme une communauté de droits, entre la Bolivie et le Chili, sur de vastes territoires qui avaient été jusqu'alors exclusivement boliviens, sur les revenus de douanes boliviennes et des mines boliviennes, toutes ces clauses habilement arrangées de façon à donner lieu par la suite à des complications et à des litiges entre les deux pays. La clause IV statuait que « tous les

---

(1) Voir à ce sujet la communication du 21 avril 1879 adressée au ministre de Bolivie à Lima par le Ministre des Affaires Etrangères bolivien M. Mariano D. Muñoz, dans l'ouvrage de l'historien italien Tomaso Caivano, *Hist. de la guerra del Pacifico.* Voir aussi : V. M. Maúrtua, *The Question of the Pacific ;* et *Peru and Chile,* par M. Isaac Alzamora, 1ᵉʳ Vice-Président du Pérou.

produits du territoire compris entre les 24ᵉ et 25ᵉ parallèles
exportés par le port de Mejillones seraient exempts de
droits ». Dans cette clause, qui a subsisté sous une autre
forme dans le traité de 1874, se trouve le germe de la
conflagration de 1879.

Finalement, le Général Melgarejo donna encore des
concessions inimaginables à la Société Anonyme des Salpêtres et du Chemin de Fer d'Antofagasta. Elle reçut, par
les décrets du 2 septembre 1868 et du 13 septembre 1870,
le « don gratuit » d'immenses extensions à salpêtre. Cette
société, constituée par des capitaux chiliens et anglais,
« était patronnée — dit M. Avelino Aramayo et tout le
monde le sait — par des politiciens en vue au Chili ; « un
groupe de spéculateurs », comme les qualifiait à cette époque, dans une séance du Parlement, un homme d'Etat
chilien, M. Ambrosio Mont » (1).

Ce traité de 1866 et ces concessions à la Compagnie des
salpêtres représentent le pas décisif du Chili vers la réalisation de ses desseins de conquête. Mais nous sommes
encore loin du dénouement de la manœuvre chilienne,
tant elle a été menée avec prudence et habileté. Examinons
maintenant l'impression produite sur ses voisins par la
politique à la fois tortueuse et audacieuse du Chili.

V. — Le traité d'alliance défensive entre le Pérou et la Bolivie

Le gouvernement qui succéda en Bolivie à celui du
Général Melgarejo se trouva en présence d'une situation
dont les difficultés devaient naturellement l'alarmer. Les
clauses machiavéliques du traité de 1866 commençaient à
produire les effets prévus par le gouvernement chilien.
D'autre part, les préparatifs militaires du Chili n'étaient

(1) A. Aramayo, loc. cit.

pas pour tranquilliser la Bolivie affaiblie et désorganisée. Quant au Pérou, il ne subissait pas encore le voisinage du Chili ; il continuait de mener son existence de travail et d'aimable insouciance, malgré la politique sombre et menaçante du Chili.

Voici qu'en 1871, le Congrès Chilien autorisa l'acquisition de deux grands navires de guerre blindés. Contre qui s'armait le Chili ? Il avait un différend de frontière avec la République Argentine ; mais tout indiquait que la Bolivie surtout devait avoir des craintes de l'attitude du Chili. Elle les eut et l'on ne peut s'étonner que de les voir si tardives. Pourtant la Bolivie ne songea pas à s'armer. Elle ne conçut qu'un projet de défense extrêmement pacifique, celui de demander au Pérou son assistance si elle était attaquée.

Telle est la genèse de la loi votée par l'assemblée bolivienne le 8 novembre 1872, autorisant le Pouvoir Exécutif à célébrer un traité *d'alliance défensive* avec le gouvernement du Pérou contre toute agression étrangère. Il n'y avait pas l'ombre d'une allusion à la politique chilienne et encore moins d'une menace à qui que ce soit. Les alliances de cette nature étaient du reste dans les usages des républiques hispano-américaines à cette époque. Rien de surprenant dans le projet de la Bolivie.

Le Pérou, sollicité par la Bolivie, hésita d'abord à conclure l'alliance. Le gouvernement du Pérou n'y était pas décidé parce qu'il craignait que la Bolivie se sentant appuyée par une autre nation, ne fût assez prudente pour éviter une guerre « qu'on devait empêcher par tous les moyens possibles ». C'est ainsi que le ministre des affaires étrangères péruvien M. Riva Aguero s'exprimait dans sa communication adressée le 28 novembre 1872 au représentant du Pérou à La Paz ; et il ajoutait que le Pérou ne soutiendrait la Bolivie que si elle avait « la justice de son côté », car il « désirait ardemment échapper aux conséquences funestes de toute guerre ».

La Bolivie présenta alors au Pérou une explication parfaitement acceptable, et lui témoigna de ses desseins pacifiques. Le Pérou sentit le besoin d'abriter son propre territoire de la menace des prétentions chiliennes qui se dessinaient déjà assez nettement. L'expérience du passé n'autorisait pas le Pérou à avoir confiance dans la politique internationale du Chili, dont les infiltrations successives dans le territoire bolivien suffisaient pour justifier des mesures de précaution, de la part des deux républiques à qui le sort avait accordé le redoutable bonheur de posséder du guano et des nitrates. Le Chili, semble-t-il, ne leur pardonnait pas d'avoir mérité cette faveur d'un hasard bénin.

Le Pérou, consultant la prudence, se décida finalement à céder aux suggestions judicieuses de la Bolivie. C'est ainsi que fut conclu le traité d'alliance purement défensive dé 1873 entre ces deux républiques. Personne de bonne foi n'y saurait trouver le dessein d'une agression au Chili, ni aucune disposition de nature à froisser sa susceptibilité. C'est l'avis de tous ceux qui connaissent ce traité. L'historien italien Tomaso Caivano dit qu'il suffit de le lire pour comprendre qu'il n'y avait aucun article rédigé dans une vue hostile au Chili. Point de clause liant les parties contractantes d'une façon telle que, même dans le cas d'une guerre injuste, provoquée par l'une, l'autre fût obligée de l'aider. Au contraire, chaque partie avait le droit, d'après l'art. III, de juger si l'offense faite à l'autre était du nombre de celles qui devaient faire jouer les engagements de l'alliance.

Une chose à remarquer c'est que le gouvernement du Chili, malgré que sa diplomatie prétende le contraire, eut connaissance de l'existence de ce traité, aussitôt qu'il fut conclu. Et comment pourrait-il en être autrement ?... Tout le monde le savait en Amérique. Le Vicomte de Caravellas, ministre des affaires étrangères du Brésil, informait, au début de 1874, le ministre des Etats-Unis à Rio de Janeiro que le Congrès Argentin discutait en session secrète un traité d'alliance avec le Pérou et la Bolivie (1). L'historien chilien G. Bulnes déclare que le ministre du Chili à Buenos Aires communiqua à son gouvernement, le 1er novembre 1873, que le Congrès argentin « étudiait le traité d'alliance entre le Pérou et la Bolivie ». Ce ministre, M. Blest Gana, envoya encore à Santiago au moins trois dépêches confidentielles sur le même sujet, celles du 19 janvier, du 12 et du 26 février 1874. Il y a d'autres témoignages connus, tels que ceux des diplomates chiliens MM. Walker Martinez, Godoy, Adolfo Ibáñez. Ce dernier, qui était le ministre des affaires étrangères du Chili déclarait, au mois de mars 1874, qu'il avait appris l'existence du traité « par différentes voies ».

Ce traité était une conséquence naturelle de la politique du Chili. Comment pouvait-il raisonnablement s'émouvoir d'une mesure purement défensive et au fond platonique de ses voisins ? Le gouvernement chilien n'aurait même jamais dû dire que c'était contre son pays que le Pérou et la Bolivie avaient conclu leur alliance de 1873. Par là, ce gouvernement a fait un aveu tacite de son dessein d'agression aux deux alliés. Car ceux-ci ne s'étaient mis d'accord, suivant l'article Ier du traité, que pour « se défendre contre toute agression extérieure ». Pourquoi le Chili a-t-il trouvé que cette phrase s'appliquait à lui ? Une conscience tranquille est moins méfiante et moins ombrageuse.

On avait dit d'ailleurs — et c'est M. Blest Gana, alors ministre du Chili à Buenos-Aires, qui nous l'apprend — que l'alliance entre la République Argentine, le Pérou et la Bolivie était aussi dirigée contre le Brésil. Pourtant le

---

(1) *Papers relating to the Foreign Relations of the United States for the year 1874*, note du ministre américain à Rio de Janeiro adressée au Secrétaire d'État à Washington, le 15 janvier 1874, p. 74.

Brésil ne s'est pas armé, il n'a pas prononcé un mot de récrimination (1).

Il y a, du reste, une considération qui prouve d'une façon irrécusable que le Pérou, en s'alliant à la Bolivie, ne prétendait aucunément créer des difficultés au Chili. C'est le consentement qu'il a donné au traité conclu, en 1874, entre ces deux derniers. Ce traité vivement souhaité par le Chili, extrêmement nuisible à la Bolivie, était une nouvelle affirmation de l'impérialisme chilien ; ce qui n'était pas rassurant pour le Pérou. Et il le savait. Pourquoi donc le Pérou, s'il eût voulu opposer un obstacle à la politique du Chili, n'a-t-il pas saisi l'occasion qui s'offrait et n'a-t-il pas empêché la Bolivie, son alliée, de signer une convention tellement désastreuse ? Le souci seul d'éviter le moindre prétexte de conflit avec le Chili explique ce consentement du Pérou. Comment admettre une autre explication sans attribuer aux hommes d'Etat péruviens un aveuglement et une imprudence inadmissibles ? Non ; ils sentaient le danger, mais ils croyaient à l'efficacité du sacrifice. Peine inutile. Ce que le Pérou désirait ardemment éviter, le traité de 1874 portait en lui : la guerre.

L'ÉVOLUTION DU CONFLIT JUSQU'A LA PAIX

I. — Les traités de 1874 et de 1875 et leur exécution

En 1871, le gouvernement de la Bolivie se vit dans la nécessité de prendre quelques mesures pour atténuer les effets des libéralités du Général Melgarejo à l'égard de la

---

(1) Le 1er novembre 1873, le ministre du Chili à Buenos-Aires, M. Guillermo Blest Gana, communiquait à son gouvernement que le gouvernement argentin « avait soumis à la considération du Congrès la question de l'avantage à entrer dans une alliance avec les Républiques de la Bolivie et du Pérou, de façon à être préparés pour l'éventualité probable d'une guerre avec le Chili ou avec le Brésil ».

Compagnie Anonyme des Salpêtres et du Chemin de fer d'Antofagasta. Par les lois du 9 et du 14 août 1871, annulant quelques-uns des actes de l'ancien président, les terrains de salpêtre donnés à cette compagnie devaient faire retour à l'Etat. Mais le gouvernement, assiégé par les réclamations, accepta, le 17 novembre 1873, une transaction avec la compagnie. Cette transaction, prenez-en note, devait être soumise à l'approbation de l'Assemblée Législative.

En outre, l'exécution du traité de condominium de 1866 avait soulevé d'autres difficultés dans les règlements des comptes entre le Chili et la Bolivie. Des négociations furent engagées. Elles aboutirent à la conclusion du traité du 6 août 1874, complété par celui du 21 juillet 1875.

L'article 1er du traité de 1874 est précis. Le voici : « Le 24e parallèle de latitude sud, depuis la côte du Pacifique jusqu'aux Andes, au *divortia aquarum*, est la ligne de séparation entre les républiques du Chili et de la Bolivie. »

Ce traité renforça ainsi les droits de la Bolivie sur le territoire compris entre les 23e et 24e parallèles ; il accorda d'autre part de grands avantages économiques au Chili. Les deux gouvernements convinrent que chacun d'eux exempterait de toute augmentation d'impôt, durant 25 ans, non seulement l'exportation des minéraux, mais aussi les citoyens, les industries et les capitaux du pays de l'autre.

Or, en 1878, l'Assemblée de la Bolivie vota la loi suivante : « Article unique. — Est approuvée la transaction conclue par l'Exécutif, le 17 novembre 1873, avec le fondé de pouvoirs de la Compagnie Anonyme des Salpêtres et du Chemin de fer d'Antofagasta, à condition qu'il sera perçu comme minimum un impôt de 50 centimes (10 centavos) par quintal de salpêtre exporté. »

Le gouvernement du Chili protesta contre l'exécution de cette loi, prétendant qu'elle contrevenait au traité de 1874, qui défendait au gouvernement de la Bolivie, comme

nous l'avons vu, d'imposer des taxes nouvelles sur les citoyens, les industries et les capitaux chiliens. Le gouvernement bolivien ajourna l'application de la loi, mais répliqua
au gouvernement du Chili en lui rappelant que la Compagnie des Salpêtres ne pouvait être considérée ni comme indi-
vidu, ni comme industrie, ni comme capital chilien, et
cela, pour la bonne raison qu'elle était une compagnie
anonyme, fonctionnant en territoire bolivien, sous le con-
trôle exclusif des lois boliviennes et soumise explicitement
à la juridiction de la Haute Cour de Justice de la Bolivie,
ainsi qu'il avait été réglé par la loi de 1872, la même loi
qui avait autorisé la transaction de 1873.

En effet, de ce que le plus grand nombre d'actionnaires
de cette entreprise étaient des chiliens, il ne s'ensuivait
aucunement que le gouvernement du Chili eût le droit
d'intervenir dans une question qui, de sa nature, appartenait à l'économie intérieure de la Bolivie. Il y avait aussi
un nombre considérable d'actionnaires anglais dans la
même société ; était-elle anglaise pour cela ? Et les actionnaires anglais, pourquoi jouiraient-ils des faveurs accor-
dées par le traité de 1874 aux citoyens chiliens ? Ce serait
créer une situation juridique inextricable et contraire au
régime légal des sociétés anonymes, adopté par la compagnie elle-même, que d'admettre la réclamation du gouvernement du Chili. Cette réclamation était un attentat
contre la souveraineté bolivienne. Si la compagnie des
Salpêtres se jugeait en quelque sorte lésée dans ses droits,
elle n'avait qu'à s'adresser aux tribunaux du pays où elle
avait voulu s'établir. N'est-ce pas là la bonne doctrine ?
C'était celle de la Bolivie.

Le Chili ne s'y conforma point ; et son gouvernement
déclara à la Bolivie que, si elle insistait, il considérerait
nul le traité de 1874 et que le Chili reprendrait ses droits
sur le territoire contesté, c'est-à-dire ses prétentions arbi-
traires comme avant le traité de 1866. Dans l'intention de

procurer au conflit une issue pacifique et honorable pour les deux parties, le gouvernement de la Bolivie publia le décret du 1er février 1879, qui rendait nuls les effets de la loi autorisant la transaction avec la compagnie. C'était en fait la résiliation du contrat particulier passé avec cette compagnie, résiliation légitime parce qu'une des parties, la Société, se refusait à accepter une condition de ce contrat, la taxe de 10 centavos. Il en résultait que les terrains cédés à la compagnie représentant une surface de 32.000 km², soit 50 *estacas* de 640 km² chacun, devaient faire retour à l'Etat.

A peine la nouvelle de cette décision était-elle arrivée à Santiago du Chili, que le gouvernement de ce pays, le 12 février 1879, donnait à ses troupes l'ordre d'occuper le territoire bolivien d'Antofagasta. Deux jours après, le 14, Antofagasta était occupé militairement par les chiliens, à titre de *revendication* de droits.

II. — La déclaratioŋ de guerre.
Les respoŋsabilités de la Bolivie.

Le ministre chilien à La Paz, M. Vilela, instruit par son gouvernement, avait adressé, le 8 février, un *ultimatum* au gouvernement de la Bolivie, à qui il fixait, pour la réponse, le terme péremptoire de 48 heures. Ensuite, avec arrogance, il déclara la rupture des traités chilo-boliviens et il demanda ses passeports, deux jours avant l'occupation d'Antofagasta.

Le 20 février, on ignorait encore à La Paz cette occupation ; et le ministre bolivien des affaires étrangères, M. Eulogio D. Medina, étonné de la conduite du ministre Vilela, adressait directement ses plaintes et ses explications au ministre des affaires étrangères du Chili. Cette communication, datée du 20 février, pleine des sentiments élevés dont s'inspirait le gouvernement de la

Bolivie, prouve surabondamment ses dispositions pacifiques, alors que le Chili se vantait d'avoir occupé militairement Antofagasta sans que ses troupes eussent donné un
coup de fusil (1).

La guerre avait été commencée effectivement et brusquement par le Chili ; et cette guerre, il faut le reconnaî-
tre, fut une surprise pour la Bolivie. Son gouvernement
n'avait jamais imaginé qu'une contestation de la nature
de celle qui était en débat, un différend d'importance
subalterne avec une société anonyme que des chiliens de
grande envergure tels que M. Ambrosio Montt considéraient
comme « un groupe de spéculateurs », qu'une affaire de
tel ordre devînt jamais pour le Chili une question d'honneur national, le seul motif qui semble tolérable aux
peuples chevaleresques pour accepter la monstruosité de
la guerre. Jamais les Boliviens ni les Péruviens n'avaient
songé que le gouvernement du Chili se ferait l'agent armé
d'un groupe de capitalistes avides.

Les Boliviens « espéraient (suivant les paroles de leur
ministre, M. Eulogio Medina, adressées le 20 février 1879
au gouvernement chilien) que la discussion (au sujet de
la Cie anonyme) serait conduite *tranquillement* et *pacifi-
quement* ». Non, la Bolivie ne pouvait pas désirer une
guerre pour laquelle elle n'était pas préparée. La défense
de son territoire exposé à l'invasion chilienne se basait
sur les opérations navales, et la Bolivie ne possédait pas
de flotte. Dire qu'elle comptait sur l'escadre du Pérou,
son alliée, c'est oublier, d'abord, les termes de leur traité
d'alliance défensive, qui laissait aux parties la faculté de
s'en dégager, en cas de conflit, si l'une jugeait que la
raison n'était pas du côté de l'autre ; et ensuite et surtout c'est oublier la grande supériorité navale qu'avait le
Chili sur le Pérou.

(1) *Message of the Pres. of U. S. Papers South Amer.* Washington, 1882.

On a prétendu que la Bolivie avait refusé le recours à l'arbitrage prescrit par l'article 2 du traité de 1875, tandis que le Chili en réclamait l'exécution. C'est l'apparence ; voyons le fond des choses. Je ne cache pas qu'à première vue la Bolivie paraît inexcusable d'avoir décliné une invitation à l'arbitrage. Mais examinons de plus près cet incident délicat qui, d'ailleurs, disons-le tout de suite, ne pouvait être, en aucun cas, un motif pour le Chili de faire la guerre à la Bolivie. Voyons d'abord quelles étaient les questions qui, d'après le traité de 1875, devaient être résolues par l'arbitrage. Voici l'article 2 de ce traité : « Toutes les questions auxquelles donnerait lieu *l'interprétation et l'exécution du traité du 6 août 1874* devront être soumises à l'arbitrage. »

Le Chili voulait faire soumettre à l'arbitrage, *dans les termes de cet article*, le différend entre la Bolivie et la Compagnie anonyme des Salpêtres et du Chemin de fer d'Antofagasta. Ce différend n'était pas du nombre des questions prévues par l'article 2, parce que la Compagnie n'était ni citoyen, ni capital, ni industrie chilienne, puisqu'elle était une société anonyme établie en Bolivie. Les termes dans lesquels le Chili voulait que fût faite la sollicitation d'arbitrage, limitait l'action de l'arbitre de telle sorte qu'il ne pouvait pas décider la question de fond, l'objet même du litige. Accepter le point de vue du Chili, eût été, en un mot, pour la Bolivie, admettre justement ce qu'elle contestait. On voit le piège. Le dialogue qui suit le révèle mieux :

— « Nous allons soumettre à l'arbitre — proposait à peu près le Chili à la Bolivie — la question suivante : le traité de 1874 oblige-t-il ou n'oblige-t-il pas la Bolivie à exempter de toute augmentation de droits les citoyens et les capitaux chiliens constituant la Société des Salpêtres ?

— Pardon — répondit la Bolivie croyant pouvoir discuter tranquillement avec le Chili — ce n'est pas ça : d'abord, je ne me refuse pas à appliquer le traité de 1874 aux citoyens et aux capitaux chiliens ; ensuite je trouve que cette façon de présenter à l'arbitre la Société des Salpêtres, avec un titre de nationalié chilienne, déguise trop sa nature réelle de société anonyme... »

Brusquement, coupant la parole à son interlocutrice stupéfaite, le Chili lui déclara qu'il considérait nul le traité de 1874 et qu'il reprenait la situation où il se trouvait envers la Bolivie avant le traité de 1866. Cela voulait dire pour la Bolivie — et pour le droit international — que l'*uti possidetis* de 1810 reprenait toute sa force légale envers les deux pays. Mais pour le Chili, cela voulait dire autre chose : ce n'était pas qu'il devait rétablir sa frontière nord au 27ᵉ parallèle, comme jadis ; c'était, au contraire, qu'il était libre d'occuper le territoire bolivien jusqu'au 27ᵉ parallèle. Il le fit aussitôt.

Rappelons, pour compléter ce point, qu'un peu après, tout au début du conflit armé, la Bolivie demanda, d'accord avec le Pérou, l'arbitrage des Etats-Unis sur toutes les questions en litige avec le Chili, y compris celles des limites, que l'arbitre devait irrévocablement fixer, la Bolivie prétendant à la ligne frontière qu'avaient reconnue et adoptée solennellement les Constitutions politiques du Chili (1). N'était-ce pas là l'objet même du conflit ? Sur quoi, sinon sur cela, eût-on voulu que l'arbitre décidât ? Le Chili n'en convint point, malgré sa déclaration qu'il ne cherchait qu'à revendiquer ses droits. On lui proposait un moyen pacifique d'arriver à une solution définitive. C'était le moment de montrer qu'il tenait sincèrement à la doctrine du traité de 1875 sur l'arbitrage. Il préféra affirmer *sa revendication* par les armes. Autant dire combien était fragile sa confiance dans ses prétendus droits au territoire disputé. Aussi s'en empara-t-il immédiatement par la force, sous le prétexte odieux et faux que ce territoire lui appartenait avant 1866 (2).

(1) Voir *Message of the Pres. of U. S. papers inclosure in* N° 15, p. 4, Washington, 1882.
(2) Voir *Message of the Pres. of U. S.* cit. p. 199.

3.

Voilà les responsabilités de la Bolivie dans la guerre que le Chili commençait impitoyablement. La Bolivie fut obligée d'accepter la guerre du fait du Chili (1). C'est la vérité. Mais je veux être juste ; je n'aborderai pas l'examen des responsabilité du Pérou, avant de rendre un hommage aux éléments raisonnables de l'opinion publique chilienne qui condamnaient nettement, à l'heure même où se préparait l'attentat contre la Bolivie, la politique militariste du gouvernement du Chili.

III. — Les manifestations sensées de l'opinion au Chili

Je sais, comme tout le monde, que, la guerre déclarée et même avant, il y eut à Santiago des démonstrations populaires violentes contre la Bolivie et, en particulier, contre le Pérou. On n'ignore pas comment ces explosions sont provoquées. Mais ce qu'on ne rappelle pas d'habitude, et on a tort, c'est que les gens sensés du Chili blâmèrent, avec une juste sévérité, la direction donnée par le gouvernement de leur pays aux affaires internationales. Soit avant, soit après l'occupation du littoral bolivien — nous rapportent les témoignages de l'époque — le gouvernement du Chili *se vit en butte à de terribles attaques* de ses compatriotes. Les Chiliens réfléchis reconnaissaient la vérité de l'avertissement qu'avait fait à leur gouvernement le ministre bolivien M. Eulogio Médina : la conquête du littoral de la Bolivie — disait-il avant de savoir qu'Antofagasta était déjà occupée — serait sans gloire et sans honneur pour le Chili (2).

C'est un fait connu que l'opinion générale au Chili, l'opinion répandue en Amérique du Sud, à l'époque du

(1) Voir *Message of the President of U. S.* cit. p. 198.
(2) *Note du Ministre des affaires étrangères de la Bolivie à celui du Chili du 20 Février 1879,* in G. P. ZEGARRA. Guerre déclarée au Pérou et à la Bolivie, Nancy, 1879.

conflit, attribuaient la tournure déplorable que prenaient
les événements à l'influence de plusieurs hommes politiques chiliens des plus en vue qui étaient liés par leurs
intérêts pécuniaires à la Compagnie Anonyme des Salpêtres et du Chemin de Fer d'Antofagasta. Quelques
journaux chiliens de la même époque ont publié ces accu-
sations ; les mêmes journaux et d'autres ont déclaré aussi
que le cabinet de Santiago, mis en mauvaise posture dans
la politique intérieure, cherchait un *dérivatif extérieur* aux
passions des partis pour se maintenir au pouvoir. Mais
je laisse de côté les journaux les plus ardents. Pour
donner une idée de l'état de l'opinion du Chili, je me
contente de prendre, parmi les journaux tenus pour les
plus sages, celui dont la discrétion a été toujours notoire. Permettez-moi de vous lire quelques extraits d'un
article de tête paru dans le quotidien *El Mercurio* de Santiago du Chili, vers le milieu du mois de janvier 1879 :

« On va vite — dit *El Mercurio* — dans la voie des
griefs, surtout quand interviennent des *intérêts pécuniaires* qui se rattachent naturellement à la controverse et au
litige. C'est pour cela que nous blâmons la forme donnée
par M. le Ministre de l'Extérieur (chilien) à une réclamation qui *pouvait très bien obtenir l'effet* envisagé, sans pré-
cipiter les choses et surtout sans recourir *à un déploiement
hautain de forces* qui, *par cela même qu'elles ne devaient
pas en rencontrer d'autres avec lesquelles elles pussent se mesu-
rer*, devaient exaspérer les esprits chez l'adversaire. Quand
on veut conserver la paix à tout prix, comme paraissent
le vouloir nos gouvernants, on ne doit pas employer des
procédés contraires à ce dessein, tels que celui que nous
venons de signaler ; autrement, outre que l'on tombe
dans une anomalie choquante et compromettante, on
montre par là que l'on n'a pas de but fixe, que l'on marche à l'aventure, ou ce qui est la même chose, *sans autre
règle que la force ou la faiblesse de ceux auxquels on a affaire...* » Et puis, développant des considérations de cette
nature, *El Mercurio* demande : « Que va faire le cuirassé
« Blanco Encalada » à Antofagasta ?... Pourquoi les voies
d'intimidation, *quand on peut obtenir ce que l'on veut par
des conventions ?* » (1).

(1) G. ZEGARRA, loc. cit.

Ce témoignage chilien ne suffit-il pas pour montrer d'une façon éclatante, à la fois le dessein arrêté du gouvernement du Chili à faire la guerre et les dispositions pacifiques de celui de la Bolivie ?

Tel est le conflit, provoqué de longue date par le Chili, dans lequel le Pérou fut entraîné.

IV. — L'entrée du Pérou dans la guerre

Devant l'agression du Chili, la Bolivie se tourna vers le Pérou, en invoquant le traité d'alliance. La Bolivie ne possédait pas un seul navire de guerre et sa petite armée de terre, si l'on peut ainsi nommer quelques simulacres de troupes, se trouvait dans un état pitoyable, mal armée, mal équipée, presque sans munitions, dispersée çà et là, dans l'intérieur du pays, extrêmement loin du théâtre des opérations. On peut dire que la Bolivie avait été définitivement battue dès le premier jour de l'invasion chilienne.

Le Pérou, malgré sa propre faiblesse militaire (1) ne songea pas un instant, chevaleresque comme il est, à abandonner, dans des circonstances si angoissantes, sa

(1) On peut juger de la situation militaire du Pérou, au moment de la déclaration de la guerre, rien que par les renseignements ci-après que j'emprunte à un travail très intéressant fait à ce sujet par un diplomate distingué, le publiciste bien connu M. C. Rey de Castro :

D'après les rapports officiels du chef des arsenaux péruviens, voici tout l'armement sur lequel comptait le Pérou : 5.556 mousquetons *de onze systèmes différents* ; pas plus de 30 canons d'un système ancien ; 13 obusiers hors d'état de servir ; et... 4 mitrailleuses ! La flotte se trouvait dans un état pareil ou encore pire que celui de l'armée de terre.

Le colonel prussien Ekdahl, directeur de l'Académie de guerre chilienne, a écrit dans son « Histoire militaire de la guerre du Pacifique », livre récent, ce qui suit : « *La guerre avait surpris le gouvernement péruvien...* Tous les navires de guerre péruviens étaient en mauvais état, à un tel point qu'il était tout à fait impossible à la flotte péruvienne de songer à entrer immédiatement en campagne ; les navires avaient besoin surtout de changer de chaudières, d'un carénage complet et de remplacer en partie leur artillerie. »

Le gouvernement du Chili connaissait parfaitement la faiblesse militaire du Pérou. Dans la conférence qui eut lieu le 24 mars 1879, entre le plénipotentiaire péruvien, M. Lavalle, et le président du Chili, M. Aníbal Pinto, celui-ci, cherchant à obtenir une déclaration de neutralité du Pérou, ne se gêna pas de dire à son interlocuteur : « Les marins et les militaires chiliens estiment que le moment est propice pour attaquer le Pérou en raison de la supériorité militaire et navale du Chili. » (Tomaso CAIVANO. *Hist. de la guerre etc.*).

pauvre voisine sans défense, victime malheureuse et pourtant, pleinement dans son droit. Mais, le gouvernement du Pérou voulait éviter la guerre. Et il agit dans ce sens, au lieu de prendre immédiatement les armes pour courir à l'aide de la Bolivie, comme il l'aurait fait si c'était lui, ainsi que le prétendent les chiliens, qui avait préparé le conflit. L'action exercée par le gouvernement du Pérou en faveur de la paix était d'autant plus sincère que le Général Prado, alors président de cette république conservait une grande sympathie pour le Chili, où il avait habité pendant son exil et où il possédait des intérêts pécuniaires. Je puise ce dernier renseignement dans la correspondance officielle du ministre des Etats-Unis à Lima, M. Richard Gibbs, qui le tenait du président Prado lui-même. Aussi, M. Gibbs était persuadé que le président du Pérou « ferait tout ce qui était possible pour prévenir un conflit entre les deux pays » (1).

Si le gouvernement du Pérou avait dirigé sa politique en vue de la guerre, n'est-ce pas étrange qu'il n'eût pas saisi tout de suite l'occasion que lui offraient les sollicitations pressantes de la Bolivie ?... Loin d'assumer l'attitude martiale dont le Chili ne cessa de l'accuser par la suite, le Pérou s'empressa d'envoyer chez l'agresseur une ambassade de paix. L'ambassadeur était le Sénateur José Antonio de Lavalle, un homme prudent, avisé, un péruvien distingué, au dire du ministre américain M. Gibbs. Le plénipotentiaire péruvien fut mal reçu au Chili. En route pour Santiago, il fut l'objet de manifestations hostiles lors de son passage à Valparaiso ; la maison où il descendit, en cette ville, fut lapidée. Il passa outre, il arriva à la capitale chilienne, où il se présenta l'olivier à la main. Tout était inutile. Il comprit aussitôt, dès sa première entrevue officielle que rien ne détournerait le gouverne-

(1) *Message of the Pres. of U. S.* cit. p. 197.

ment chilien de sa résolution de faire la guerre ; c'était un projet établi d'avance, longùement préparé, bien étudié, fermement arrêté.

Or le cours des événements dépendait de la réception réservée par ce gouvernement à l'envoyé péruvien ; c'était l'avis général et celui de M. Gibbs (1). La paix et la guerre étaient dans les mains du gouvernement du Chili. Que fit-il pour la paix ? Il repoussa l'offre des bons offices du Pérou pour régler à l'amiable le conflit chilo-bolivien. Le plénipotentiaire Lavalle avait fait néanmoins à cet égard, les plus grands efforts, il insista « sérieusement », déclare M. Osborn, alors ministre des Etats-Unis au Chili (2) ; en quoi se révèle une nouvelle preuve du désir sincère et ardent du Pérou d'obtenir une solution pacifique pour la question. Aux propositions amicales de l'envoyé spécial, le gouvernement chilien répondit par des reproches amers au sujet de « l'alliance secrète » entre le Pérou et la Bolivie. Les Chiliens prétendaient, à l'encontre de la vérité, avoir ignoré jusqu'alors l'existence du traité d'alliance de 1873. Enfin, le gouvernement du Chili exigea péremptoirement du Pérou une déclaration immédiate de neutralité.

C'est là un procédé connu pour allumer l'incendie chez un peuple qui ne sait pas rester impassible entre la justice et le crime. Le conflit entre le Chili et la Bolivie affectait d'ailleurs directement et immédiatement les intérêts vitaux du Pérou ; les faits subséquents l'ont confirmé d'une façon terrible. L'impertinence du Chili émut l'opinion publique péruvienne. Le gouvernement du Pérou ne pouvait résister à l'élan généreux du pays qui demandait d'aller à l'aide de la Bolivie outragée et déjà mutilée de fait. Un journal péruvien, *El Nacional*, invita le président Prado à prendre le parti du faible ou à résigner ses fonctions : nouvelle preuve de l'attachement du gouver-

(1) *Message of the Pres. of U. S.* cit. p. 198.
(2) *Message of the Pres. of U. S.* cit. p. 75.

nement du Pérou à la Paix. Mais il lui était impossible
d'accepter une neutralité criminelle, véritable trahison
non seulement envers la Bolivie mais envers les traditions de
la politique continentale du Pérou et ses propres intérêts.
Il valait mieux s'exposer à une défaite militaire qu'offrir
une défaite à l'honneur. Ce fut la résolution du Pérou.
Le Chili lui déclara la guerre le 5 avril 1879.

V. — Les raisons officielles et les buts de guerre du Chili

Quiconque lit le « mémorandum du gouvernement du
Chili au sujet de la déclaration de guerre au Pérou »,
publié dans le *Journal Officiel* de Santigo le 5 avil 1879,
n'a aucun doute que la cupidité était le mobile de l'agresseur. L'arrogance de ce document fait encore mieux
ressortir la mesquinerie des sentiments qui ont aveuglé
le Chili. Dès lors, il dirigea la guerre exclusivement contre
le Pérou, qui était en réalité à cette époque la proie à
ravir, car l'autre, la Bolivie, le Chili la tenait déjà.

Les seuls griefs précis que, pour dissimuler son propre
tort, le Chili faisait au Pérou, au moment de lui déclarer
la guerre, étaient les suivants : « l'alliance secrète entre
cette république et celle de la Bolivie, et la préparation
évidente — disait le Chili — que le Pérou faisait pour la
guerre ». C'est là le texte de la communication, à ce
sujet adressée le 4 avril 1879 à son gouvernement par le
ministre des Etats-Unis à Santiago, M. Osborn (1). Et
c'est tout ce que l'imagination du président et du conseil
des ministres du Chili avait trouvé à alléguer, en faveur de leur conduite, auprès du représentant des Etats-
Unis. Une telle pauvreté de raisons est toutefois encore
moindre que la mauvaise foi de la première et la fausseté
de la seconde.

(1) *Message of the Pres. of U. S.* cit. p. 76.

La seule, la véritable raison de la guerre provoquée par le Chili contre la Bolivie et le Pérou, personne ne l'ignore aujourd'hui ; mais il est bon d'en rappeler un témoignage décisif à tous les points de vue, surtout parce qu'il est donné par un observateur qui suivit les événements sur place et qui était étranger aux passions nationales en conflit. Cet observateur est le Général Hurlbut, Commissaire spécial des Etats-Unis envoyé sur le théâtre de la guerre. Voici une de ses communications au Secrétaire d'Etat nord-américain M. Blaine :

« En regardant en arrière l'histoire des événements arrivés avant les hostilités et depuis, je n'ai aucun doute que le seul dessein, la seule vue, le seul but de cette guerre, déclarée par le Chili contre le Pérou et la Bolivie, c'était, au commencement, de même qu'à l'heure actuelle, l'acquisition par la violence du territoire riche en nitrates et en guano, aussi bien celui de la Bolivie que celui du Pérou. » (1).

Le meilleur commentaire n'ajouterait rien à la force persuasive de ces paroles.

Rien ne saurait mieux que cette belle franchise définir la raison et le but de la guerre du Chili... Pardon, il y a peut-être mieux ; car d'ordinaire le sain jugement d'un esprit impartial nous frappe moins que l'arrogant aveu du responsable. Ecoutez ce qu'a dit à cet égard le plus remarquable des hommes d'Etat chiliens, le président Balmaceda. Après avoir affirmé que sur la côte sud du Pacifique américain il n'y avait que deux centres de progrès et d'action : Lima et Callao au Pérou, Santiago et Valparaiso au Chili ; il a déclaré ceci : « Nous, les Chiliens nous réclamons Tarapacá comme source de revenus et Arica comme le point le plus lointain de notre côte. C'est la raison pour laquelle le peuple chilien doit posséder Arica et Tarapacá. »

Voilà qui étale, dans toute leur horrible nudité, les cau-

(1) Senate Documents. Vol. 14. 1881-82.

ses du conflit sud-américain du Pacifique et le but que poursuivait le Chili en le provoquant.

Après cela, rien ne serait oiseux comme de multiplier, — quoique la chose me fût très facile, — les témoignages accablants, les preuves irrécusables, montrant que la responsabilité tout entière de la guerre de 1879 appartient au Chili.

VI. — La conduite du Chili pendant les hostilités

La conduite des Chiliens dans la guerre du Pacifique, on peut la définir en deux mots, terriblement expressifs : elle fut, à peu de chose près, la même que celle des Allemands dans la guerre qui vient de finir. Ce que je dis là peut sembler dur à ceux dont les cœurs saignent encore au souvenir tout frais des atrocités allemandes, mais ceux qui n'y trouvèrent point de raisons pour ne pas être germanophiles alors que ces atrocités révoltaient toutes les âmes bien nées, ceux-ci, peut-être seront-ils flattés du rapprochement que je viens de faire.

Quoi qu'il en soit, il est naturel et nécessaire de constater la ressemblance entre les procédés militaires des Allemands et ceux des Chiliens. Les méthodes des uns sont les méthodes des autres. Les applications seules de ces méthodes présentent quelque différence, parce qu'il n'y avait, en 1879, ni sous-marins, ni aéroplanes. Cette réserve faite, tout le reste est pareil. N'était-ce pas, d'ailleurs, la manière allemande de 1870 que les Chiliens avaient prise pour leur modèle ? Des preuves, vous en trouverez à foison. Lisez l'ouvrage de l'historien anglais C.-R. Markham, « *The War between Perú and Chile* », et le livre de l'historien italien Tomaso Caivano ; consultez les rapports officiels de l'époque adressés à leur gouvernement par le ministre des Etats-Unis à Lima, par l'agent consulaire du même pays, M. Nugent, à Arica, par l'agent consulaire de

France en cette ville... Partout les déclarations s'accordent ; venues de côtés divers, elles se complètent, se confirment laissant hors de doute l'étonnante cruauté des soldats chiliens. Par équité et par déférence pour le Chili, je ne dois recueillir de cette clameur contre les excès de son armée que les paroles suivantes d'un homme d'Etat et historien Chilien :

« Les Chiliens ont envoyé une expédition pour porter le brandon de l'incendie, la destruction et la désolation ; une expédition de provocation à la guerre implacable et à la haine éternelle le long de la côte péruvienne. Cette croisade de la violence et du ravage est connue sous le nom « l'Expédition de Lynch ». Son objet était de transformer en ruines les riches vallées et les établissements du nord du Pérou. Il est impossible de concevoir une entreprise plus insensée, sans tenir compte de sa barbarie. Tout en étant évidemment dirigée contre le Pérou, elle était en réalité plus injurieuse pour nous. Nous vivons de nouveau à une époque de piraterie que le monde entier d'un commun accord, avait depuis longtemps décidé de clore ; et les faits ont prouvé la vérité de cela jusqu'à la complète justification de la protestation que l'auteur de cette histoire, en sa qualité de sénateur, a faite, sur le temps, contre de tels abus. Un de leurs plus grands dangers consiste à employer nos soldats dans une telle entreprise, qui n'améliore ni leur sens moral, ni notre réputation comme peuple civilisé. Un autre c'est que ces exploits nous aliéneront inévitablement la sympathie des nations étrangères, lorsqu'elles en auront la connaissance..... » (1).

Ne croyez pas que je cède à un vain esprit de critique, en évoquant ce « tableau noir ». C'est avec regret que je le fais ; mais il ne m'est pas permis de négliger cet élément de la démonstration que je poursuis. La politique de terreur, de destruction et de vexations employée systématiquement par les Chiliens contre le Pérou avait un double but : empêcher par son anéantissement matériel, qu'il se relevât jamais de sa ruine et pût prendre sa revan-

____

(1) Citation faite par le D' Alzamora, dans son remarquable travail « *Peru and Chile* ».

che; provoquer, par le trouble moral répandu dans ce pays, le déchaînement de l'anarchie de façon à y rendre impossible l'existence de tout gouvernement stable, qui ne traiterait pas avec le Chili l'exécrable paix qu'il proposait.

Voici, à cet égard, ce qu'a dit, à la Chambre des Députés, le ministre chilien Vergara : « Célébrer la paix en ce moment ce serait permettre au Pérou de récupérer ses forces dans un délai plus ou moins immédiat, voilà pourquoi la politique adoptée par le gouvernement est la plus sage : il faut prolonger l'occupation indéfiniment, jusqu'à ce que le Pérou soit réduit à l'état de complète et irréparable décadence ».

Ecoutez le député chilien Errazuriz, parlant à la même époque : « Nous devons établir une domination plus complète au Pérou, obtenir de lui tous les avantages possibles et l'affaiblir au dernier degré jusqu'à obtenir tout ce que nous exigeons... L'Hôtel de la Monnaie est encore debout, en entier, à Lima ; le chemin de fer de Mollendo à Arequipa n'a pas été encore détruit. Il est de toute importance que le Pérou soit dévasté sans plus de délai ; laissez enlever les rails, ils peuvent être utilisés dans la voie ferrée de Pozo Almonte à Agua Santa ou entre Parral et Cauquenes... Si nous ne conservons pas notre domination sur Lima, nous perdrons les rentes de la Douane de Callao, ainsi que celles des ports du nord du Pérou, les contributions de guerre, le guano de Lobos et de Chincha ; et l'alliance qui maintenant est morte pourrait ressusciter... Ni García Calderón, ni Piérola, ni Montero, ni aucun autre gouvernement ne signera le traité de paix que nous désirons ».

De ce que l'immense ravage souffert par le Pérou ne fut pas plus grand encore, il ne faut pas conclure qu'il y eut enfin dans la rage de son ennemi une lueur de clémence. Non, ce fut la crainte qui retint un peu, sur le littoral, la fureur chilienne, laquelle, par contre, ne connut pas de limites dans l'intérieur du pays. C'est ainsi que la charmante capitale péruvienne de même que Callao, ville ouverte, ne furent pas détruites par la flotte chilienne, grâce à l'intervention des escadres européennes qui se trouvaient dans le port de Callao.

Ici, Messieurs, nous devons rendre un hommage ému à la mémoire de l'amiral français du *Petit-Thouars* ; c'est lui qui sauva Lima, en 1881, de l'incendie et du pillage. Devant son attitude énergique, l'autorité Chilienne dut renoncer à l'inutile cruauté de livrer cette capitale à la soldatesque et de la détruire, comme furent détruites tant d'autres villes péruviennes.

VII. — L'héroïsme du Pérou

Le Pérou, meurtri, mutilé, saignant de nombreuses blessures, résista héroïquement à l'odieuse exigence du Chili d'incorporer à son territoire, par droit de conquête, les provinces péruviennes, de Tarapacá, d'Arica et de Tacna. Le gouvernement de défense nationale qui avait été constitué voulait signer une paix honorable, la paix que les Etats-Unis conseillaient au Chili d'accepter. La grande république du Nord dut essuyer la déception de voir son avis repoussé avec impertinence.

Lisez la correspondance échangée entre le ministre des Etats-Unis au Chili, M. Logan, et le président Francisco García Calderón, l'illustre prisonnier des Chiliens. « Le gouvernement des Etats-Unis, écrit M. Logan, a soutenu invariablement qu'il vaudrait mieux, pour les intérêts futurs du Chili et des alliés, régler leur question moyennant une indemnité en argent, sans toucher au territoire ; mais le gouvernement du Chili ne se rangera pas à cette opinion. La question pratique, dit ce gouvernement, pour résoudre le problème est celle-ci : « Les alliés possèdent-ils la force nécessaire pour résister à l'exigence du démembrement de leur territoire ? » (1).

Voilà toute la logique chilienne. Le président Garcia Calderón ne cessa jamais de répondre à cela avec la même énergie patriotique, soit quand il était à la tête du gouvernement de Défense nationale, soit pendant sa longue captivité. Son indomptable noblesse eut toujours raison de l'implacable ténacité de ses geôliers à l'assiéger tantôt d'intrigues, tantôt de menaces.

Il faut rappeler les dignes paroles qu'il adressait, en septembre 1881, à l'amiral chilien Lynch, gouverneur de Lima. « Je veux la vraie paix, écrivait M. Calderón, par conséquent, je ne puis me décider à ce que les territoires de mon pays soient mutilés, car je ne veux pas que mon nom porte devant la postérité la honte que les peuples d'Amérique feront rejaillir sur celui qui autorisera le funeste système de la conquête. Je m'inspire d'un sentiment de haute politique américaine en repoussant toute cession territoriale ».

Ce n'était pas le sentiment dont s'inspiraient les gouvernants du Chili. Ils poursuivirent leur politique de ravage et lancèrent la désolation dans le Pérou jusqu'à ce que la désorganisation de cette république fut complète. Ce fut de la sorte que le Pérou, à bout de forces, finit par se plier à la volonté du Chili. Le gouvernement péruvien, reconnu par l'ennemi, fut obligé de signer la paix que lui imposait l'impitoyable vainqueur.

VIII. — Les propositions de médiation

Avant d'examiner la situation résultant du funeste traité d'Ancón, jetons un coup d'œil sur les propositions de médiation faites par diverses nations au cours des

(1) *Mediacion de los Estados Unidos de Norte-America en la guerra del Pacifico. El Señor Dr. don Cornelius A. Logan y el Dr. Franciso Garcia Calderón.* Buenos Aires, 1884.

hostilités. Une preuve, qu'il faut remarquer, de la réprobation générale à la conduite du Chili, c'est que tous les gouvernements qui offraient leurs bons offices proposaient comme base du règlement du conflit le respect de l'intégrité territoriale des belligérants. Aussi le Chili s'arrangea-t-il de façon à se « débarrasser », au dire du juriste chilien M. Alexandre Alvarez (1), de ces tentatives d'intervention diplomatique.

Voilà comment les grandes puissances laissèrent s'accomplir une des plus atroces iniquités internationales. Circonstance frappante : cette victoire de la force brutale en Amérique du Sud a été due en grande partie au même auteur diabolique de l'attentat dont l'Europe, dans son incurie, n'avait pas su préserver la France en 1871. Cette information précieuse, c'est un chilien apologiste des Allemands qui nous la donne. Il faut lui en savoir gré.

Voici ce que dit M. Galvarino Gallardo Nieto, dans son livre « Neutralidad de Chile ante la Guerra europea » :

En 1901, j'ai publié un volume sous le titre *La Cuestion Peruana* ; pour l'écrire j'ai eu dans les mains les *documents confidentiels et les notes de la chancellerie du Chili*, car j'allais défendre, gratuitement, les droits de mon pays dans un sujet grave. A la page 164 de ce livre, après avoir consulté ces documents, j'ai écrit ce qui suit :

« Moyennant l'appui de certaines influences financières et politiques connues, le Pérou obtint qu'il eût été question, vers le milieu de 1880, de concerter les bases d'une médiation conjointe des puissances européennes ; étant données les influences politiques que pouvaient faire agir en Europe les détenteurs des coupons et les autres créanciers du Pérou, il sera facile de comprendre les difficultés et les perturbations qu'aurait créées pour le Chili une pareille médiation, laquelle a *heureusement échoué, grâce à l'esprit d'équité du gouvernement allemand,* que nous ne remercierons jamais assez de sa noble et digne attitude. » (2).

(1) Alexandre ALVAREZ, *Le Droit International Américain*, p. 111, Paris, 1910.
(2) Galvarino GALLARDO NIETO, *Neutralidad de Chile ante la guerra europea,* 2ᵉ partie, ch. III, p. 47. Santiago de Chile, 1917.

Ces paroles n'expriment pas seulement l'opinion de M. G. Gallardo Nieto ; il déclare que l'internationaliste chilien M. Luis Orrego Luco les avait écrites, depuis de nombreuses années, étant arrivé à une telle conclusion, dans un travail sur la question chilo-péruvienne, après avoir consulté « avec une patience de bénédictin, *dans les poussiéreuses archives du Ministère des Relations Extérieures* en examinant une par une les pièces de l'abondante correspondance diplomatique existant sur cette matière, *sans excepter les documents y conservés avec le caractère de confidentiels* ». M. Orrego Luco a reproduit la même affirmation dans ses articles parus peu avant la publication du livre de M. G. Gallardo Nieto auquel j'emprunte tout cela. Et cet auteur ajoute, pour confirmer l'intervention allemande en faveur du Chili, pendant la guerre du Pacifique, qu' « il a entendu, il y a beaucoup d'années, de l'homme d'Etat M. Luis Aldunate, qui prit une part considérable à la politique diplomatique de cette époquelà, des détails qui confirment et qui dissipent toute sorte de doute sur cette intervention. » (1).

Je ne puis m'empêcher d'emprunter encore au texte de M. Galvarino Gallardo Nieto quelques extraits qui doivent intéresser vivement les gouvernements des grandes puissances actuellement chargés de redresser les torts commis par l'Empire allemand à l'égard des nations faibles. Voici ce qu'a écrit l'auteur chilien au chapitre XII de son ouvrage susdit :

« ... *Sans le concours du chancelier Bismark*, auraient été impuissants le patriotisme, la prudence et la sagacité diplomatique de nos hommes d'Etat ». Et il ajoute : « Ces antécédents, *connus de l'opinion bien informée*, expliquent l'existence (au Chili) de l'affection et des sympathies très profondes en faveur de l'Allemagne, parce que les peuples, comme les individus, éprouvent le sentiment de la reconnaissance. »

(1) G. Gallardo Nieto, loc. cit. ch. VI.

Parmi les divers témoignages qui confirment ces déclarations de M. Gallardo Nieto, je me contente de citer celui de M. Arturo Alessandri, un des hommes politiques les plus influents du Chili, plusieurs fois président du Conseil des Ministres, lequel publia dans la *Nacion* de Santiago, du 26 février 1917, les paroles suivantes :

« Nous ne devons pas oublier non plus que, alors qu'on liquidait les questions soulevées par la guerre du Pacifique, M. Blaine, en qualité de Ministre des Etats-Unis d'Amérique du Nord, suivant une politique agressive à l'égard du Chili, politique que son propre pays condamna par la suite, s'efforça de provoquer une action combinée des pays du vieux continent afin d'empêcher par ce moyen l'annexion de Tarapacá à notre territoire, proposition qui fut acceptée par divers pays ; et ce fut alors l'Allemagne qui, par l'organe de Bismarck, le grand Chancelier de son Empire, déclara solennellement : *Laissez ce peuple recueillir, seul, le fruit de ses sacrifices, de ses efforts et de ses victoires.* »

Voilà comment « l'opinion éclairée » du Chili, suivant l'affirmation d'un écrivain chilien, explique l'insuccès des offres de bons offices faites aux belligérants au cours de la guerre du Pacifique. Ce fut, en un mot, d'après les Chiliens, un échec que l'Allemagne fit subir aux Etats-Unis, à l'Angleterre et à la France.

Le fait est qu'échouèrent tous les efforts employés par ces trois grandes puissances en vue d'une solution raisonnable pour le conflit provoqué et entretenu, les armes à la main, par le Chili. En 1880, le président Grévy, appuyé par l'Angleterre, invita d'autres gouvernements européens à une intervention pacifique auprès des belligérants sud-américains. Ne suffisait-il pas que la France prît une initiative honorable pour qu'elle se heurtât à l'opposition de Bismarck ? L'intervention conjointe proposée alors par la France et l'Angleterre n'eut pas de suites.

Le gouvernement des Etats-Unis eut beau s'efforcer dans le même sens ; rien n'y fit. Sous la présidence de

Garfield, son secrétaire d'Etat, Blaine envoya des instructions aux ministres des Etats-Unis à Santiago et à Lima, dans lesquelles il exprimait nettement la réprobation de son gouvernement à l'esprit de conquête du Chili. M. Blaine leur déclarait, le 1ᵉʳ novembre 1881, que le gouvernement des Etats-Unis reconnaissait au Chili, sans aucune réserve, le droit de demander au Pérou une indemnité qui couvrirait les dépenses de la guerre, et d'exiger toutes les garanties nécessaires pour ne pas être menacé dans l'avenir par des actes d'hostilité de la part du Pérou, mais qu'il s'opposait au prétendu « droit de conquête », « à toute cession de territoire sous prétexte d'obtenir le paiement de l'indemnité ». Et il ajoutait : « L'annexion de Tarapacá qui, bien administrée (par le Pérou) peut produire une rente annuelle suffisante pour payer une forte indemnité, ne nous paraît pas compatible avec la justice. »

Telle a été toujours la doctrine des Etats-Unis à l'égard du conflit du Pacifique. Même après l'assassinat du président Garfield, alors que le nouveau gouvernement des Etats-Unis avait, de guerre lasse, limité son rôle à la neutralité inactive que désirait le Chili, même alors ce gouvernement ne désavoua point la doctrine formulée par M. Blaine. Les Etats-Unis retirèrent leur médiation, mais en condamnant très nettement le projet de spoliation conçu par le Chili contre le Pérou. N'est-ce pas là l'explication de la haine que, depuis cette époque, le Chili ne cache point contre les Etats-Unis ?

Voici comment le jurisconsulte chilien, M. Alexandre Alvarez, apprécie l'attitude des Etats-Unis : « A trois reprises différentes, il offrit (le gouvernement des Etats-Unis) ses bons offices, mais toujours avec un certain caractère d'intervention. *Il voulait obtenir la paix, mais sans démembrement territorial de l'Etat vaincu, celui-ci devant seulement payer une indemnité pécuniaire.* Et M. Alvarez ajoute, avec une jactance assez amusante : « Le Chili ayant montré une attitude résolue, les Etats-Unis n'insistèrent pas. » (1).

D'après le même jurisconsulte, c'est grâce à l'action énergique de la diplomatie chilienne que ne réussirent ni les efforts déployés par la République Argentine, ni ceux du Brésil, en faveur de la conclusion que ces pays désiraient pour la guerre en s'inspirant des principes des Etats-Unis. La Colombie, dans le même dessein, avait invité les Etats Hispano-Américains à réunir un congrès à Panama, en 1881 : ce congrès échoua, grâce en grande partie, dit encore M. Alvarez, à la diplomatie du Chili (2). Le moment arriva où le Chili, les mains libres, put forcer le Pérou, finalement enchaîné, après cinq années de résistance héroïque, à accepter l'odieuse paix d'Ancón.

(1) Alexandre ALVAREZ, loc. cit. p. 111, note.
(2) Alexandre ALVAREZ *Ibid*.

APRÈS LA GUERRE

I. — Le traité d'Ancón. Ce que le Chili y gagna

Le traité d'Ancón fut signé, entre le Chili et le Pérou, le 20 octobre 1883. D'après l'article 2 de ce traité, le Pérou cédait au vainqueur, sans conditions, la province de Tarapacá, riche en nitrates, en cuivre, en gisements de guano. L'article 3 est le suivant :

« Le territoire des provinces de Tacna et d'Arica, limité au nord par la rivière Sama, depuis sa source dans les cordillères limitrophes avec la Bolivie jusqu'à son embouchure à la mer, au sud par le *thalweg* et la rivière de Camarones, à l'est par la République de Bolivie et à l'ouest par l'Océan Pacifique, continuera à être possédé par le Chili et soumis à la législation et aux autorités chiliennes pendant la durée de dix ans à compter du jour de la ratification du présent traité de paix. Ce délai expiré, un plébiscite décidera par vote populaire si le territoire de ces provinces restera définitivement dans le domaine et sous la souveraineté du Chili, ou s'il continuera à faire partie du territoire péruvien. Celui des deux pays, en faveur duquel les provinces de Tacna et d'Arica resteront annexées, payera à l'autre dix millions de piastres en monnaie chilienne ou en soles péruviens du même titre et poids que la première.

« Un protocole spécial, qui sera considéré comme partie intégrante du présent traité, déterminera dans quelle forme aura lieu le plébiscite et les termes et délais dans lesquels devront être payés les dix millions par le pays qui restera maître des provinces de Tacna et d'Arica. »

L'article 14 statuait un délai maximum de soixante jours pour la ratification du traité. Il fut ratifié.

Les avantages économiques accordés par ce traité au Chili sont tellement évidents qu'il serait puéril d'en parler si les Chiliens ne prétendaient pas que ce sont eux qui ont mis en valeur le territoire de Tarapacá. Rien n'est plus inexact. Il y avait déjà, avant la guerre, dans cette province, une industrie de salpêtres très florissante, exploitée par les Péruviens. On n'a qu'à consulter, sous ce rapport, les statistiques publiées depuis 1830 jusqu'à 1878, veille de la guerre. (1)

La valeur de cette industrie était représentée, au début de 1879, par une somme qui s'élevait à plus de quatre millions de livres sterling ; et remarquez que je ne parle pas de la valeur totale, vraiment inestimable, des dépôts de salpêtre existant à Tarapacá. Cette industrie comptait, au moment de la déclaration de guerre, cent soixante-quatorze usines en activité, possédant une capacité de production de vingt et un millions annuels de quintaux ;

(1) Les tableaux suivants, publiés par M. R. Madueño (*La Industria Salitrera del Perú*) montrent la valeur de l'industrie du salpêtre dans la province péruvienne de Tarapacá avant la guerre :

I

Exportation du salpêtre par dix ans jusqu'en 1870

Années	Quantités exportées q. q.
1830 à 1839	1.095.573
1840 » 1849	3.679.951
1850 » 1859	8.898.993
1860 » 1869	19.587.390
	33.261.907

II

Volume et valeur de l'exportation du salpêtre de 1870 à 1879

Années	Quantité exportée q. q.	Valeur approximative en livres sterling
1870	2.943.413	1.471.706.10.0
1871	3.605.906	1.802.953. 0.0
1872	4.420.764	2.210.382. 0.0
1873	6.263.767	3.131.883.10.0
1874	5.595.314	2.797.657. 0.0
1875	7.229.507	3.614.753.10.0
1876	7.010.619	3.505.309.10.0
1877	4.706.683	2.824.009.13.0
1878	5.909.213	3.545.527.13.0
	47.685.186	24.904.182. 6.0

III

Droits d'exportation perçus par le gouvernement péruvien jusqu'à la guerre de 1878

Années	Revenu
1874	$ 839.297.22
1875	1.572.608.22
1876	4.578.612.51
1877	5.580.739.30
1878	3.290.104.49
	15.861.361.74

l'extension exploitée était de 15.716 estacas (chaque estaca représente une superficie de quarante mille *varas* carrées) ; l'exportation du salpêtre, depuis 1870 jusqu'à 1878, s'éleva à près de quarante-huit millions de quintaux, d'une valeur de presque vingt-cinq millions de livres sterling ; la rente de cette industrie pour l'Etat avait été pendant les cinq années qui précédèrent la guerre de plus de trois millions de livres sterling ; finalement, le nombre de bateaux, dont les noms sont enregistrés, qui avaient transporté le salpêtre du Pérou, avant la guerre, s'élève à plusieurs centaines (rien que le gouvernement du Pérou avait affrêté 257 bateaux pour le transport de son salpêtre, dans la période comprise entre le mois de mai 1876 et le mois de juin 1878). Ces données statistiques, absolument vraies, montrent ce que vaut l'insinuation des chiliens, au sujet de la prétendue non-existence de l'industrie salpêtrière au Pérou avant la guerre.

Les Chiliens ont-ils oublié que les autorités de leur pays, lorsqu'elles s'installèrent à Tarapacá, se sont emparées de 1.768.304 quintaux de salpêtre, prêts à être exportés, représentant une somme de 231.975 livres sterling ?

Les Chiliens affirment aussi que Tarapacá était un « désert » avant qu'ils n'eussent occupé le territoire de cette province. On répond à cela avec le recensement fait en 1876, d'après lequel la population de Tarapacá, répartie dans 187 localités, était alors de 42.002 habitants, dont à peine 2.000 étrangers.

En ce qui concerne les capitaux employés dans l'industrie salpêtrière de cette ancienne province péruvienne, la prépondérance appartenait sans comparaison aux capitalistes péruviens, au regard des capitalistes chiliens. Les capitaux étrangers, engagés dans cette industrie, y entraient dans une proportion de près de 50 o/o. Celle des capitaux chiliens n'était que de 9 o/o ; elle était inférieure aux proportions correspondant respectivement aux capitaux anglais, allemands et italiens (1).

Voilà qui montre assez combien les Chiliens ont gagné immédiatement par l'acquisition de la province de Tarapacá. Ceux qui voudront mieux connaître l'histoire de l'industrie salpêtrière de cette province n'ont qu'à lire l'intéressante monographie de M. Ricardo Madueño (2).

En somme, grâce au traité d'Ancón, le Chili obtint l'hégémonie économique sur la côte sud-américaine du Pacifique ; et l'hégémonie chilienne, selon la juste remarque de M. C. Rey de Castro, le distingué écrivain péruvien, se traduisit par l'hégémonie allemande dans cette partie de l'Amérique Latine.

II. — L'exécutioŋ du traité d'Aŋcóŋ. Autour du plébiscite.

Examinons maintenant comment le Chili a exécuté le traité d'Ancón.

D'abord signalons un fait suggestif. D'après ce traité, le Chili ne devait conserver sous sa domination, en outre de Tarapacá, que les provinces de Tacna et d'Arica, déli-

(1) La Commission péruvienne de techniciens chargée d'évaluer le capital employé dans les établissements de l'industrie des salpêtres de Tarapacá en 1870-1879, a dressé le tableau ci-dessous qui donne, non seulement pour les *usines de machines* mais aussi pour celles *des bouilloires (paradas)*, les parts de ce capital, suivant la nationalité des propriétaires. On y voit la proportion insignifiante de la contribution chilienne :

Usines des machines (Oficinas de Maquina)	Bouilloires (Oficinas de parada	NATIONALITÉS	POURCENTAGE
Soles 6.675.000	S. 1.365.442	Péruviens	46,647
2.810.000	10.000	Anglais	16,360
2.140.000	2.500	Allemands	12,430
1.910.000	74.000	Italiens	11,492
1.470.000	178.500	Chiliens	9,563
300.000	66.000	Espagnols	2,123
140.000	4.000	Français	0,835
	55.000	Boliviens	0,318
	40.000	Autrichiens	0,232

(2) RICARDO MADUEÑO. *La industria salitrera del Perú antes de la guerra con Chile.* Lima. 1919.

mitées comme nous avons vu. Or, au moment de retirer
ses troupes du territoire resté péruvien, le Chili n'aban-
donna pas la province de Tarata, située au nord de la limite prévue par le traité. Le Pérou protesta. Le Chili
répondit que la rivière Sama, indiquée dans le traité,
était la rivière Chapaya, laquelle se trouve beaucoup plus
au nord de la véritable rivière Sama. Et de la sorte par sa
décision de changer les noms des fleuves, le Chili s'empara, non seulement des provinces de Tacna et d'Arica,
mais encore de la plus grande partie de celle de Tarata,
qu'il ne lâcha plus.

Maintenant, la question du plébiscite. La situation im-
posée aux provinces de Tacna et d'Arica aurait dû finir,
d'après la clause 3, en 1894. Il n'en fut rien. Le plébiscite
prévu n'a pas été exécuté. Pourquoi ? Parce que le Chili
savait d'avance que le vote populaire lui serait défavora-
ble. Certes, il avait bien travaillé pour *chiléniser* les populations de Tacna et d'Arica : violences, exactions, coloni-
sation par des émigrants chiliens, fermeture des écoles
péruviennes, attentats contre les prêtres péruviens, mesures tyranniques appliquées à la presse, enrôlement forcé
de la jeunesse de Tacna et d'Arica dans l'armée du Chili,
bref, rien n'a manqué à l'imitation à la fois douloureuse et
grotesque des méthodes prusiennes à laquelle se sont
livrés les autorités chiliennes. N'est-ce pas là, en effet,
l'histoire de l'Alsace-Lorraine ? Le parallèle entre les
deux cas est d'autant plus juste que les résultats obtenus
par les deux usurpateurs ont été les mêmes. « Les populations de Tacna et d'Arica, écrivait en 1900 M. Vial Solar,
diplomate du Chili, sont toujours péruviennes, après les
efforts inutiles pour les rendre chiliennes ». C'est la véritable raison des difficultés créées par le Chili à la réalisation du plébiscite en 1894. En réalité, le Chili a violé le
traité d'Ancón dès cette date.

Le Chili a prétendu, dès lors, comme l'affirme d'ailleurs

M. Alvarez, que « le plébiscite devrait avoir lieu sous l'autorité du Chili, des délégués du Pérou pouvant y assister ; le droit de vote devrait être accordé à toutes les personnes résidant sur le territoire depuis un certain temps, même étrangères » (1). Le gouvernement du Pérou ne pouvait ni ne devait accepter ces conditions. C'eût été une trahison aux Péruviens nés à Tacna et à Arica, lesquels, à l'exemple des représentants de l'Alsace et de la Lorraine, avaient protesté, le 10 mars 1884, contre la clause troisième du traité d'Ancón.

Plusieurs années se sont écoulées en négociations stériles. On connaît la véritable histoire de ces négociations, tout à l'honneur du Pérou et singulièrement compromettantes pour le Chili. On sait comment, d'abord approuvées, furent ensuite rejetées les bases générales, convenues à Lima, le 26 janvier 1894, entre MM. Jiménez et Vial Solar, pour l'établissement du protocole qui devrait régler le plébiscite. Le protocole Billinghurst Latore, du 16 avril 1898, approuvé par le Congrès Péruvien, le fut aussi par le Sénat Chilien ; mais finalement, après de longues discussions et le péril pour le Chili d'une guerre avec l'Argentine ayant été écarté, ce protocole ne fut pas ratifié par la Chambre des Députés chilienne : elle le rejeta à une grande majorité de voix, dans la séance du 14 janvier 1901. Pourtant M. Alexandre Alvarez affirme que les négociations diplomatiques à ce sujet « furent interrompues, en 1901, du fait du Pérou » (2). En 1905 sur l'invitation du Chili, dit le même juriste, ces négociations furent reprises ; et le Chili a soutenu dès lors que le plébiscite stipulé, étant donnés les précédents diplomatiques et l'histoire du traité de paix, « était une cession simulée des territoires, ceux-ci étant nécessaires à la sécurité de ses frontières » (3). Le jurisconsulte chilien M. Al-

(1) Alexandre ALVAREZ, loc. cit. p. 112, note.
(2) *Ibid.*
(3) *Ibid.*

varez, à qui j'emprunte encore ce renseignement, semble approuver d'un air candide, une doctrine pareille. Le Chili était cependant disposé, ajoute-t-il, à réaliser le plébiscite sur les bases plus haut citées et même, « en raison de la cordialité des relations qu'il voulait maintenir avec le Pérou, il était disposé à passer avec lui un ensemble d'accords tendant à resserrer les liens économiques entre les deux pays ». Le Pérou songea, sans doute, à l'amitié entre le pot de terre et le pot de fer... La tentative de 1910 pour la reprise des négociations n'aboutit pas davantage, ni, non plus, la conversation télégraphique Valera-Huneeus, entretenue du 10 au 22 Nobre 1912.

D'autre part, les « *initiatives* » de la chancellerie chilienne cherchant à éluder le plébiscite sont nombreuses. Il suffit d'en rappeler les principales, celles prises par l'intermédiaire de MM. Augusto Matte en 1889, Alamos González en 1890, Angel C. Vicuña en 1900, le Dr Puga Borne en 1908. Toutes ces initiatives avaient pour but d'éviter l'exécution de la clause 3 du traité d'Ancón, en vue de quoi le Chili invitait le Pérou à accepter une augmentation de l'indemnité prévue et fixée par cette clause. Les Chiliens ne disent-ils pas que c'est parce que le Pérou ne pouvait pas payer cette indemnité, au cas où il serait favorisé par le vote des habitants de Tacna et d'Arica, qu'il s'est opposé à la réalisation du plébiscite ? Cette insinuation chilienne ne mérite pas que nous nous y arrêtions pour l'écarter.

Le fait est que les négociations au sujet du plébiscite ont traîné jusqu'à présent du fait du Chili. Le conflit est devenu chronique sous la forme d'une rupture diplomatique, illustrée de temps en temps par des conversations sans lendemain.

Le Pérou ne cessa cependant pas de dénoncer le système de *chilénisation* poursuivi inlassablement dans le territoire litigieux.

Nous avons montré la mauvaise foi chilienne dans les négociations concernant le plébiscite. Il faut dire maintenant que là aussi le Chili trouve la réprobation de sa conduite dans la voix autorisée d'un chilien bien connu. Voici, en effet, les nobles paroles prononcées, d'ailleurs sans résultat, par M. Carlos Walker Martinez, alors président du Conseil du Chili, dans la séance de la Chambre des Députés du 27 août 1898 :

« Le gouvernement du Chili admet que le protocole n'est que la mise à exécution honorable et sincère du traité d'Ancón qui établit qu'un plébiscite fixerait la nationalité de Tacna et Arica. Nous ne devons pas oublier, Messieurs les députés, que la grandeur des peuples ne repose pas seulement sur la force des armes ni sur les richesses matérielles qui font affluer l'or dans leurs caisses. Il existe une force morale supérieure à celle des armes, il est des richesses qui ne sont pas perceptibles aux yeux du corps, mais à ceux de l'esprit, et l'histoire a prouvé que ce sont celles-ci plutôt que celles-là qui font pencher la balance des destinées des peuples dans leur évolution vers la civilisation humaine. »

« Aussi c'est dans cet ordre d'idées que nous devons chercher à nous former une opinion pour résoudre le problème dont nous poursuivons la solution. Et je dis tout cela pour ne pas laisser sans réponse les observations faites par quelques-uns des adversaires du Protocole et basées sur les désavantages financiers que son adoption amènerait au Chili. Ils oublient complètement que l'honneur national est engagé et qu'il doit primer tous les intérêts. »

D'après l'abrégé fidèle que je viens de faire de l'histoire des négociations menées entre les deux républiques autour de la question du plébiscite, on peut juger de la valeur de la récente affirmation contenue dans la dernière Circulaire de la Chancellerie chilienne, laquelle dit ceci : « le gouvernement chilien et ses diplomates ont fait tout ce qui était en leur pouvoir pour arriver à un accord ».

Une affirmation pareille est d'autant plus frappante, j'allais dire intentionnelle, qu'elle était formulée en même temps que le gouvernement chilien prenait à Tacna et à

Arica de nouvelles mesures de violence pour forcer les habitants péruviens à *émigrer en masse* de ces malheureuses provinces, lasses d'attendre le plébiscite. Mettons d'ailleurs en regard de cette affirmation celle qu'avait faite, trois mois auparavant, sur le même sujet, l'ancien sénateur chilien, M. Agustin Ross (1) :

« Le délai de dix ans prévu pour la réalisation du plébiscite stipulé expira en 1893, vingt-huit années sont passées, et cela n'a pas encore été fait. Pourquoi ? Nous pouvons déclarer consciencieusement que le plébiscite n'a pas eu lieu, parce que le Chili l'a évité, soulevant toutes sortes de difficultés et d'expédients dilatoires. Au Chili, le Pérou a été blâmé de l'ajournement des arrangements pour le plébiscite, mais cet argument ne peut pas évidemment être prouvé. Au contraire, au Pérou, le Chili est blâmé. »

III. — Attitude du Chili envers la Bolivie

Nous avons perdu un peu de vue la Bolivie, mais nous ne l'avons pas oubliée. Le 4 avril 1884, elle dut accepter le pacte de trêve indéfinie qui plaça les territoires compris entre le 23ᵉ parallèle et le cours du Rio Loa sous la souveraineté du Chili. Le traité de paix reconnaissant définitivement cette souveraineté fut signé entre les deux pays le 20 octobre 1904.

Croit-on qu'à ce prix la Bolivie avait apaisé tout à fait la vieille convoitise du Chili à son égard ? Jugez plutôt.

En 1900, le Chili proposa au Pérou ce qu'on a appelé la « polonisation de la Bolivie », c'est-à-dire, la division de cette république en zones d'influence qui seraient attribuées aux deux Etats. Le Chili espérait ainsi vaincre la résistance du Pérou dans l'affaire de Tacna et d'Arica et signer avec lui une paix commode aux dépens de la Bolivie. En échange de la cession qu'il ferait au Pérou de ces

(1) Dans le Nº XVI de la *Revista Chilena*. Citation empruntée à la *Circulaire du Ministère des affaires étrangères du Pérou*, du 12 janvier 1919.

deux provinces, le Pérou devrait s'allier avec lui pour faire la guerre à la Bolivie « dont le territoire offrirait toutes les compensations désirables aux efforts et aux frais de l'entreprise ». Le Pérou, indigné, révéla aux autres gouvernements ce plan de partage de son ancienne alliée. L'émoi en Amérique du Sud, il nous en souvient, a été grand.

Cette proposition du Chili au Pérou a sans doute rappelé à la Bolivie la proposion faite jadis à son président Melgarejo par le Chili en vue de la conquête de ces mêmes provinces du Pérou aujourd'hui sous la domination chilienne. La politique du Chili envers les deux républiques consiste, en somme, depuis longtemps, à provoquer la discorde entre elles à force d'intrigues. Que la Bolivie fasse attention !...

Les journaux ont publié dernièrement qu'elle se proposerait de plaider auprès de la Conférence de la Paix, ses droits historiques et géographiques, jusqu'à présent ignorés, à la possession des territoires de Tacna et d'Arica. Se laissera-t-elle par hasard prendre maintenant à quelque piège semblable à celui que le général Melgarejo lui-même sut éviter ?... Pourquoi, au lieu d'avoir l'air de se mettre en tiers pour brouiller les choses, n'invoque-t-elle pas, auprès du Congrès de la Paix, les seuls droits réels qu'elle possède, ses droits imprescriptibles sur les territoires qui lui furent pris par l'abus de la force ? Son intérêt — qu'elle ne l'oublie point ! — est de faire bloc avec le Pérou.

IV. — Conduite du Pérou, de la Bolivie et du Chili pendant la guerre de 1914-1918

Il est légitime et même nécessaire, pour arriver à la solution équitable que nous recherchons, de ne pas oublier, dans les circonstances actuelles du monde, comment se sont conduites, à l'égard de la cause de la civilisation menacée, les trois républiques du Chili, du Pérou et de la Bolivie.

On sait que la neutralité de la première dans la grande guerre s'est inspirée d'un sentiment germanophile avoué ; tandis que les sympathies pour la France et ses Alliés ont été à tel point décisives en Bolivie et au Pérou que ces deux pays se sont empressés de rompre leurs relations diplomatiques avec l'Allemagne. Alors qu'ils ont cherché à seconder, autant qu'ils ont pu, la politique finale des Etats-Unis, le Chili s'est appliqué à suivre le conseil qu'on lui donnait de ne pas se laisser « atteler au char bruyant et éminemment commercial de la soi-disant grande République du Nord ». Le publiciste chilien qui a écrit cela est le même qui proclame « la dette de reconnaissance » du Chili envers l'Allemagne pour l'aide que celle-ci lui prêta lors de la guerre du Pacifique, dette « qui justifie tant, ajoute-t-il, les courants de la sympathie que nous, Chiliens, éprouvons en faveur de l'Allemagne » (1).

Cette sympathie ne s'explique-t-elle pas, du reste, par la secrète conviction des Chiliens que la défaite de l'Allemagne serait pour eux une défaite ? Et pourquoi avaient-ils cette conviction ? Vous le saurez si vous voulez bien écouter encore un témoignage précieux de M. G. Gallardo Nieto :

« C'est inouï qu'on nous pousse, dit-il — faisant allusion au petit nombre des Chiliens partisans des Alliés — qu'on nous pousse à combattre, sans droit et sans gloire, le pays européen auquel nous devons les plus grands services à l'égard de nos questions internationales, militaires et pédagogiques. *Plus d'une fois, j'ai entendu de M. Alberto Blest Gana, ancien Ministre du Chili à Berlin, que devant la probabilité d'une intervention de la France en faveur du Pérou, l'Allemagne interviendrait en faveur du Chili. Une telle déclaration a été faite à M. Blest par le vieil empereur : le grand-père de Guillaume II. Et les dé-*

<hr>

(1) G. Gallardo Nieto, loc. cit. ch. XIII.

monstrations comme celle-là, de sympathie et d'amitié que le gouvernement de l'Allemagne a données au Chili sont nombreuses. » (1).

Voilà qui explique assez pourquoi les Chiliens croyaient à la solidarité entre leurs intérêts et ceux des Allemands (2). Les Chiliens avaient la crainte que la chute de l'Empire allemand n'entraînât la perte, pour eux, des « fruits de leurs conquêtes », des « légitimes compensations » comme ils disent, de leurs efforts militaires. Il faut espérer que cette crainte n'ait pas vaine.

Aurais-je besoin de vous rappeler, par contre, que bien avant la guerre de 1914 et depuis toujours, le Pérou n'a jamais cessé de se tourner amicalement vers la France ? Il avait confié l'instruction de sa petite armée à des missions françaises, tandis que le Chili avait fait appel, voici une trentaine d'années, à des missions militaires allemandes dont la volonté souveraine dirigeait l'Etat Major chilien. Sur le terrain économique, l'influence allemande au Chili n'est pas moindre que dans le domaine militaire. Les commerçants et les industriels allemands y jouent un rôle extrêmement important. L'Angleterre, qui cependant n'a jamais négligé d'assurer son prestige économique au Chili, n'ignore pas que parmi les banques étrangères établies dans ce pays, il y en a trois allemandes contre deux anglaises. Les Alliés et en particulier l'Angleterre, n'ont certainement pas oublié les rapports existant entre cette double influence, militaire et économique, des Allemands au Chili et les circonstances dans lesquelles eut lieu, près des côtes chiliennes, la bataille navale de Coronel du 1er novembre 1914.

(1) G. GALLARDO NIETO, loc. cit.
(2) Une telle solidarité, un diplomate chilien bien connu, M. Javier Vial Solar, l'a célébrée, dans le « Diario Ilustrado » de Santiago, de la manière suivante :
« Déclarer la guerre à l'Allemagne ? A l'Allemagne parce qu'elle a fait avorter l'intervention européenne contre le Chili durant la guerre du Pacifique ? A l'Allemagne parce que, dans une autre occasion, elle a été disposée à nous rendre un autre service encore plus grand ? A l'Allemagne qui, dans une troisième circonstance, fut la meilleure amie du Chili ?..... »

Tout cela suffit largement pour montrer qu'au cours de la grande tragédie les manifestations de solidarité de la Bolivie et du Pérou envers les nations européennes en lutte se sont invariablement orientées dans le sens opposé à celui des réserves qu'inspirait au Chili son inconcevable neutralité.

Néanmoins, on met parfois en doute les services réels rendus par le Pérou et la Bolivie aux Alliés. N'avez-vous pas entendu murmurer que le Chili, avec « ses » salpêtres avait été plus utile à la cause de l'Entente que la Bolivie et le Pérou avec leur rupture platonique de la neutralité ? C'est vrai qu'il y a une grande différence entre ces deux choses : l'une n'a pas de prix marchand, l'autre est livrée à n'importe quelle main qui l'achète.

On a voulu aussi établir des préférences entre les héroïques volontaires chiliens engagés dans la Légion étrangère et leurs dignes camarades péruviens et boliviens. Je devrais à ce propos me borner à saisir l'occasion de témoigner, dans un seul hommage, la gratitude qu'allume dans nos cœurs le souvenir de tous ces braves venus d'outre-mer pour offrir leurs vies à la cause de la civilisation.

Mais comment taire, en ce moment, le nom d'un mort inoubliable, tombé glorieusement à Verdun, quand ce mort porte le nom vénérable de l'ancien président du Pérou qui fit de sa propre captivité un rempart contre l'empire de la force usurpatrice en Amérique ?... José García Calderón, succombant dans la lutte pour la terre de France, lui, si plein de vie et d'avenir, de talents et de vertus, si riche de tous les dons de la nature et de l'éducation, emporta sans doute, dans son dernier regard, éclairé d'une pensée d'espérance, l'image de l'Alsace-Lorraine unie à celle de Tacna-Arica, les deux formant le couple sacré des martyrs du même despotisme.

V. — L'enjeu de la contestation

Sous l'inspiration du rapprochement naturel et assez légitime, entre l'Alsace-Lorraine et Tacna-Arica, nous atteignons d'un pas ferme le seuil du jugement équitable. Vous l'apercevez déjà. La réparation intégrale des iniquités faites au Pérou est une condition nécessaire du régime de justice internationale que nos grands morts d'hier attendaient de la victoire des Alliés. Mais n'est-ce pas un jugement trop sévère que de forcer le Chili à se dessaisir des territoires où il puise ses principaux revenus ? *L'importance économique de ces territoires* est en effet très grande. Je ne le cache pas ; au contraire, comme je désire vous le montrer d'une façon précise, je vous propose de jeter un coup d'œil sur le tableau des statistiques chiliennes, relatif au mouvement commercial des ports du Chili, pendant l'année de 1913, la dernière des affaires normales d'avant-guerre :

Ports	Importation pesos or	Exportation pesos or
Iquique	28.466.213	69.911.289
Antofagasta	33.174.970	62.233.428
Taltal	10.211.562	37.468.679
Coquimbo	6.177.046	3.602.309
Valparaiso	158.130.174	19.855.840
Talcahuano	35.676.145	10.450.437
Coronel	8.102.612	192.816
Valdivia	9.414.551	2.574.235
Ancud	10.406.108	534.424
Punta Arenas	8.895.812	15.792.305

Ce tableau montre que ce sont les ports du territoire annexé, surtout les deux premiers, qui accusent les plus grands chiffres représentant le commerce d'exportation du Chili. Il est certain qu'une partie, relativement peu importante, des exportations boliviennes, prend les routes d'Antofagasta et d'Iquique. Mais cela même contribue à la prospérité du Chili favorisant du moins sa situation financière.

Vous voyez donc la rudesse du coup que le Chili recevra en perdant ces sources de richesses. C'est regrettable, mais nous ne pouvons pas changer les justes et inévitables arrêts du destin à l'égard des richesses mal acquises. Et puis, la rudesse de ce coup, oserait-on jamais la comparer à la cruauté du coup donné par le Chili au Pérou et à la Bolivie? N'oublions pas que les propriétaires légitimes des territoires ravis en ont aussi besoin.

Pourquoi la Bolivie, réduite aujourd'hui à ne pas avoir un port sur le Pacifique, alors que son héritage naturel, violemment usurpé, lui avait accordé un littoral magnifique, pourquoi, dis-je, la Bolivie serait-elle condamnée à souffrir éternellement l'humiliation d'être tributaire du Chili? Dire que les Boliviens ne savaient pas mettre en valeur leurs richesses naturelles, c'est un sophisme outrageant. D'abord, il ne s'agissait que de les ramasser, ces richesses s'offrant toutes prêtes aux transformations industrielles ; et puis, lorsqu'elles furent découvertes, les Chiliens les ont disputées, comme nous l'avons vu, aux Boliviens qui n'eurent ni la liberté ni le temps de les exploiter.

Pour le Pérou, ce sophisme ne saurait pas même être invoqué. Je vous ai déjà montré, en effet, combien était florissante l'industrie péruvienne à Tarapacá au moment où cette province fut enlevée au Pérou. On estime, en se basant sur les données scrupuleusement vérifiées, selon le témoignage de l'éminent homme d'Etat péruvien, M. le Dr Alzamora, que la richesse contenue dans le département de Tarapacá était alors représentée par le chiffre de 2.135.000.000 livres sterling.

Il faut ajouter à ce chiffre, celui de 75.000.000 de livres sterling, qui représentent au minimum, les richesses d'autres sources péruviennes perdues, et, au moins,

5.

650.000.000 de livres sterling pour ce qui fut pris à la Bolivie. La valeur économique des territoires, péruvien et bolivien, conquis par le Chili, était donc calculée, quand il s'en empara, à la somme de 3.000.000.000 de livres sterling. On avouera que c'était exagéré de se l'attribuer comme « compensation légitime » d'un brigandage militaire dont les frais avaient à peine atteint 30.000.000 de dollars chiliens (monnaie argent). Et voici près de quarante ans que le Chili jouit tranquillement du rapport de cette richesse colossale. Rien que l'industrie salpêtrière de Tarapacá a déjà rapporté à l'Etat Chilien, d'après ses dernières statistiques, plus de cent cinquante millions de livres sterling (150.000.000 liv. st.)

Voilà dans quelle mesure continuent d'être lésés les intérêts du Pérou et de la Bolivie, sans parler de l'humiliation dont ils souffrent. Devant cela, il n'est permis de céder à aucune sensiblerie intempestive envers le Chili. L'absoudre ce serait condamner deux innocents. C'est une nécessité internationale de réparer au plus tôt une pareille injustice.

VI. — Nécessité d'une solution immédiate

J'aimerais mieux ne pas être obligé de parler des violences que les Chiliens, autorités, soldats, foule, viennent de commettre dans les malheureuses provinces assujetties à leur domination, contre les populations péruviennes que l'attachement à la terre sacrée de leurs pères y retient toujours. Mais ces violences contiennent quelques leçons qu'il faut méditer. Elles sont, avant tout, des avertissements précieux. Le conquérant lui-même, sans y prendre garde, se charge d'attirer, par de nouvelles et douloureuses démonstrations de sa dureté, l'attention de l'opinion publique internationale sur la nécessité d'une solution immédiate de la question du Pacifique.

Chaque jour qui passe et prolonge la captivité des Péruviens et des Boliviens aggrave singulièrement le malaise sud américain. Les Chiliens n'ont pourtant pas l'air de s'en apercevoir. Ils regardent, d'un œil indifférent ou plutôt qui affecte de l'être, les pesants nuages s'accumulant de tous les côtés. La réprobation que leur conduite provoque dans le monde ne semble pas les émouvoir. Ils poursuivent, avec une implacable tranquillité, leur système politique de persécution méticuleuse des populations péruviennes. Etrange aveuglement !

Aveuglement ?... Ils le tiennent pour la sagesse même. Ils sont fiers de leur œuvre et se vantent de leur habileté politique. Ils sont persuadés que leur manière de traiter les vaincus n'est pas vue d'un bon œil par les autres peuples américains, parce que se sont des peuples faibles, hystériques, incapables de comprendre la hardiesse des forts. On s'étonne des mesures de rigueur que le gouvernement du Chili a prises dernièrement envers les populations péruviennes ; mais rien ne s'explique au Chili d'une façon plus naturelle.

Tout le monde à l'Etranger accuse les Chiliens de ne pas vouloir que se réalise le plébiscite à Tacna et à Arica. Eh bien, les Chiliens vont prouver qu'ils le veulent. Aussitôt cette résolution prise, leur ministère des affaires étrangères publia une circulaire témoignant de son invariable désir de donner exécution à l'article 3 du traité d'Ancón ; et, en même temps, les Péruviens de Tacna et d'Arica étaient invités, un peu brusquement, par les autorités chiliennes, à quitter ces provinces, après avoir signé, par force, des déclarations certifiant que leur départ était volontaire. La crise des nitrates était un bon prétexte. Le gouvernement du Pérou fut averti, en temps utile, qu'il lui fallait affrèter les bateaux nécessaires pour le transport de dix-huit mille Péruviens qui allaient se retirer des provinces conquises. Le Consul péruvien d'Iquique voulant plaider les intérêts de ses compatriotes fut expulsé par les autorités du Chili. On sait bien, comme disait un ministre chilien, que : « la victoire est la loi suprême des nations ».

Il était bon, pour notre instruction sur l'histoire du plébiscite, de savoir le but réel de l'exode imposé aux Péruviens de Tacna et d'Arica.

Ces faits ont produit un grand émoi en Amérique et ailleurs ; à tel point que le président Wilson dut noblement offrir son intervention pacificatrice, que le Chili déclina et que le Pérou accepta avec reconnaissance. On avait parlé de guerre. Les passions belliqueuses du Chili ont fait explosion. Il faut rappeler, à cet égard, un incident qui nous permet, encore une fois, d'honorer une voix chilienne qui s'est manifestée contre les dispositions des Chiliens à la violence.

Dans une séance de la Chambre des Députés du Chili, le second vice-président, M. Cardenas, ayant déclaré dans un discours que la question avec le Pérou devait être résolue à l'amiable et que le temps des guerres était passé, les membres du Conseil des Ministres présents à la séance se retirèrent en manière de protestation et, dans la même intention, le président et le premier vice-président de l'Assemblée donnèrent leur démission. La séance fut suspendue. Lorsqu'elle fut reprise, les députés votèrent une motion contre le maintien de M. Cardenas à la seconde vice-présidence et annulèrent les démissions du président et du premier vice-président. A sa sortie du Congrès, M. Cardenas fut hué par la foule, disent les journaux, aux cris de : « Traître ! », traître, parce qu'il s'était élevé contre la guerre, ont remarqué certains de ces journaux.

C'est donc un fait notoire que la question du Pacifique risque, une fois de plus, de devenir sanglante. Le seul moyen d'éviter une nouvelle catastrophe c'est que le

concert des nations, qui en ce moment juge les responsables
de la guerre de 1914, fassent entendre la voix de la justice
et du bon sens sur les bords sud-américains du Pacifique.

LA SOLUTION

I. — La doctrine juridique

Il nous reste maintenant à préciser la solution que le droit international réclame pour la situation insoutenable créée par le Chili au Pérou et à la Bolivie.

D'abord, si nous prenons la question en bloc, nous nous trouvons en présence de deux traités, ceux que le Chili a imposés au Pérou et à la Bolivie et qui ont réduit à la captivité quelques provinces de ces deux pays. Ces traités, sont-ils obligatoires devant le droit international ?

Ouvrons le précieux ouvrage de Bluntschli ; il nous donnera la réponse : « Les traités cessent d'être obligatoires, lorsqu'ils arrivent à être en contradiction avec le développement des droits généraux de l'humanité et avec le droit international reconnu » (1).

C'est là exactement le cas où se trouvent les deux papiers que le Chili oppose aux droits généraux de l'humanité et au droit international afin d'empêcher la réparation des spoliations souffertes par le Pérou et par la Bolivie. Encore faut-il se rappeler que ces papiers n'auraient jamais existé, sans le précédent créé par la victoire prussienne de 1871 ; car le dénouement de la guerre du Pacifique a été, en fait, la répercussion sud-américaine de la violation du droit subie par la France en l'année terrible. Songez maintenant, maintenant que nous vivons l'année de la réparation, à la force nouvelle gagnée par la règle, si formelle, insérée depuis longtemps dans la codification de Bluntschli.

En effet, le droit international, surtout depuis la

(1) Bluntschli. *Le Droit Int. codifié*, liv. VI — 457 — Paris, 1886.

victoire des Alliés, qui est la victoire des principes proclamés par le président Wilson et ratifiés par tous les gouvernements du monde entier, n'admet point le droit de conquête et ne tolère point l'assujettissement d'aucune population à des pouvoirs politiques dont elle ne reconnaît pas la légitimité. Or les deux traités en question se trouvent irrémédiablement en conflit avec cette doctrine. Cela suffit pour montrer que ces deux traités doivent être déchirés comme le fut le traité de Francfort.

Ce raisonnement, personne ne me le contestera, est d'ailleurs le seul qui convient à la morale et à la raison. Or la politique, selon la noble sentence de l'illustre « patriarche de l'Indépendance » du Brésil, le vénérable José Bonifácio, la vraie politique est fille de la morale et de la raison. C'est pourquoi nous ne doutons pas que la Société des Nations orientera dans ce sens la politique qu'elle est appelée à appliquer à la question du Pacifique.

Mais il y a d'autres considérations qui s'imposent, si, au lieu de les prendre ensemble, comme il le fallait pour un premier jugement, nous séparons, comme il convient au point de vue pratique, les deux traités qui lient d'une part la Bolivie et de l'autre le Pérou au Chili.

Je commence par le traité chilo-bolivien parce qu'il est celui qui semble au Chili le plus solidement assis. Vous vous rappelez, en effet, que le pacte définitif de paix entre la Bolivie et le Chili a été signé en 1904, pour régler la situation douteuse qu'avait laissée le pacte de trêve de 1884. On pourra dire que la Bolivie donna son consentement définitif à l'usurpation de ses territoires à une époque où elle n'y était pas obligée par les armes, et que, par conséquent, elle n'a plus aucune raison de se plaindre. Raisonnement bien fragile.

Rappelez-vous la situation de la Bolivie en 1904. Songez aux intrigues qui l'assiégeaient ; réfléchissez aux effets des menaces, dorées de promesses séduisantes, que la

diplomatie chilienne n'a jamais cessé de faire à la Bolivie
pour lui arracher le traité de 1904. La Bolivie ne voyait
pas d'issue aux tristes conjectures où elle se trouvait. Abandonnée de tous, sauf de ce Pérou qui protesta contre le
fâmeux plan de morcellement de la Bolivie, affaiblie,
affligée, accablée par des sollicitations de plus en plus
pressantes, elle se résigna, intimement révoltée, à signer
le papier de 1904 que le Chili réclamait.

Le Chili était l'ami de l'Allemagne, le Chili était tout
puissant, riche, bien accueilli dans les cercles qui domi-
naient le monde et qui le croyaient à jamais plié aux
conséquences de plus en plus funestes de la situation
internationale créée par le traité de Francfort ; la Bolivie,
qu'est-ce qu'était la Bolivie ? Une future Pologne.

Eh bien, oui. La Bolivie n'a-t-elle pas assez protesté en
se refusant, pendant vingt ans, à ratifier les conditions de
la trêve de 1884, contre l'usurpation de ses territoires ?
Et même après le traité du 20 octobre 1904, obtenu par la
ruse et conclu dans les circonstances douloureuses que
je viens d'évoquer, n'a-t-elle pas continué à réclamer dans
la mesure de sa faiblesse, la restitution de ses ports, de
ses débouchés naturels dans la mer ? Oui, Messieurs, la
Bolivie a fait comme la Pologne ; et le Chili a voulu
l'effacer aussi de la carte de l'Amérique du Sud : il est
juste d'accorder à la Bolivie, à l'heure où la Pologne est
restaurée, la réparation de l'iniquité dont elle souffre
toujours.

Voyons maintenant la valeur du traité d'Ancón. Ah !
pour celui-là, rien n'est plus facile que de démontrer
l'illégalité de son application à l'heure actuelle. Que dis-
je ? Cette illégalité remonte à 1914, quand le Chili viola
matériellement la clause 3. Et vous comprenez que je
ne parle maintenant que de l'illégalité qui invalide ce
traité au regard des principes du droit international existant avant la proclamation des principes du président

Wilson. Devant ces derniers principes, nous savons déjà que les traités qui ont sanctionné la victoire des armes chiliennes sont nuls. Encore faut-il ne pas oublier que je ne m'occupe pas en ce moment de l'illégitimité du traité d'Ancón, car, à ce point de vue, il n'aurait pu jamais exister si la morale et la raison avaient été consultées au moment où a été signée la paix du Pacifique.

C'est donc des principes courants du droit international que je m'inspire pour prouver l'illégalité de l'application du traité d'Ancón depuis l'année 1894, c'est-à-dire, depuis le moment où le plébiscite eût dû avoir lieu à Tacna et à Arica. Aussi la Société des nations n'a-t-elle même pas besoin de déchirer le traité d'Ancón. Il l'est déjà ; le Chili lui-même s'en est chargé. Elle n'a donc qu'à le constater et à en tirer les conclusions pratiques.

Mais comment le Chili a-t-il déchiré le traité d'Ancón ? Est-ce simplement parce qu'il a empêché la réalisation du plébiscite au moment prescrit par la clause 3 ? Oh ! non. C'est aussi et surtout pour une autre raison, à l'égard de laquelle le Chili ne peut invoquer aucune excuse comme il fait pour la violation résultant de la non-exécution de la clause proprement dite du plébiscite, violation dont il prétend partager malgré les faits qui le démentent, la responsabilité avec le Pérou. Voyons quelle est cette raison.

Les termes de l'article 3 du traité d'Ancón sont les suivants : « Le territoire des provinces de Tacna et d'Arica *continuera d'être possédé par le Chili et soumis à la législation et aux autorités chiliennes pendant la durée de dix ans à compter du jour de la ratification du présent traité. Ce délai expiré*, un plébiscite décidera par vote populaire, etc. » On sait ce qui suit : ce sont les conditions concernant le règlement du sort définitif de Tacna et d'Arica. Il est inutile de répéter ici le reste du texte de cet article, que d'ailleurs, j'ai donné plus haut en entier, parce qu'il ne modifie en rien la disposition impérative que je viens de reproduire. Analysons cette disposition.

Elle prescrit, d'abord, que le territoire des deux provinces *continuera* d'être possédé par le Chili et soumis à la législation et aux autorités chiliennes, parce qu'en effet l'occupation du territoire était déjà acquise au moment et avant la signature du traité d'Ancón : on sait que le Chili occupait ces provinces depuis l'avance victorieuse de ses troupes. Je devais faire cette remarque préliminaire pour éviter toute sorte de sophisme sur l'interprétation du mot « *continuera.* »

Maintenant, la disposition impérative que nous analysons déclare explicitement que le territoire sera possédé par le Chili et soumis à la législation et aux autorités chiliennes *pendant la durée de dix ans à compter du jour de la ratification du traité.* Ce délai expiré, le plébiscite devait avoir lieu. Mais la première chose que le Chili avait à faire, à la minute précise de l'échéance de ce terme, indépendamment de la conclusion du protocole relatif au plébiscite, et même, comme garantie de la libre manifestation du vote populaire, c'était de retirer ses autorités du territoire de Tacna et d'Arica.

C'était ce que prescrivait au Chili le traité d'Ancón, de par la force de la clause catégorique, impérative, qui lui octroyait des droits à posséder ce territoire, à lui appliquer la législation chilienne, à le soumettre aux autorités chiliennes, seulement *pendant dix années précises.* Le Chili n'a pas rempli cette clause ; et il ne l'a pas remplie de sa propre autorité, sous son exclusive responsabilité, à ses risques et périls, sans que rien, absolument rien d'étranger à sa volonté y eût en quelque sorte exercé la moindre influence coercitive. Le Chili a donc violé, de son propre mouvement, le traité d'Ancón.

Cette violation ainsi démontrée, je n'ai pas besoin d'insister sur l'autre violation, du fait uniquement du Chili,

qu'a subie le traité d'Ancón en conséquence de l'infraction
de la clause qui prescrivait la réalisation du plébiscite en
1894. A ce sujet, la seule remarque à faire c'est que le
Chili, ayant empêché trop longtemps l'exécution de cette
clause, l'a rendue irréalisable. Les conditions naturelles
du plébiscite ont été bouleversées par le Chili. Aussi ne
saurait-on songer aujourd'hui à un plébiscite devenu ana-
chronique.

Quelles sont les conséquences de la violation consciente
d'une clause d'un traité ? Dans l'espèce, répétons-le en
passant, il y en a même deux qui ont été violées par le
Chili. Devant le droit, il suffit de la violation d'une clause
pour que tout le traité soit annulé. C'est la doctrine sou-
tenue en droit international par tous les auteurs émi-
nents, anciens et modernes. Depuis Grotius, le père
vénérable du droit international, jusqu'à n'importe quel
véritable jurisconsulte contemporain, la doctrine est la
même : « la violation d'un seul article, d'une seule clause,
entraîne la rupture entière du traité. » (1)

Mais je veux tenir compte de la doctrine de ceux, tels
que Wolff, qui distinguent entre les articles qui sont *liés
ensemble* et les *articles divers*, et déclarent que « si le
traité est violé dans les articles *divers*, la paix subsiste à
l'égard des autres ». Remarquez d'ailleurs l'intention gé-
néreuse de cette réserve : c'était de créer des difficultés à
une reprise de guerre, sous le prétexte de la violation du
traité de paix. Or même la doctrine de Wolff (2) confirme
la rupture entière du traité d'Ancón, car personne ne dira

(1) GROTIUS. *Le Droit de la Guerre et de la Paix*, liv. III, ch. XIX.
VATTEL. *Le Droit des Gens*, liv. IV, ch. IV, éd. Guillaumin 1863.
WHEATON. *Elem. du Droit International*, éd. 1858, t. II.
WOOLSEY. *Intr. to the Int. Law.* 55, 112.
Baron de NEUMAM. *Droit Int. trad.* A. Sala, Madrid.
PHILLIMORE — Dr. I. DXCVII.
FIORI — Nouv. Dr. Int. Paris, 1885.
DUDLEY-FIELD — Codigo, Int. art. 202.
RIVIER — Droit Int.
(2) WOLFF — Jus Gent. 55, 1022, 1023.

que son article 3 est du nombre de ceux qu'on appelle *divers* dans un traité.

Le traité d'Ancón est donc nul devant le droit.

Voilà, sous son aspect juridique, sans tenir compte, je le répète, des principes wilsoniens, l'état actuel de la question chilo-péruvienne. De par un droit incontestable, le traité d'Ancón est nul. Il faut investir ce droit de force agissante. Il faut, au plus tôt, donner exécution à ses conséquences imprescriptibles. C'est ce qu'attendent du Congrès de la Paix, les amis de la justice.

II. — L'arrêt du droit international

En reprenant maintenant dans son ensemble, le problème du Pacifique, je résume les réponses que je me suis proposé de donner aux deux questions posées au début.

La première réponse est celle-ci : Non, même maintenant, malgré les traités de paix conclus entre le Chili, la Bolivie et le Pérou, le territoire compris depuis le 27e parallèle jusqu'à la limite nord des provinces de Tacna et d'Arica n'appartient pas de droit, comme il ne lui a jamais appartenu, à la nation qui l'exploite de fait depuis plus d'une trentaine d'années.

Voici la réponse à la deuxième question : la solution, pure, intégrale, réclamée par le droit international, par la raison, par la morale, pour le différend du Pacifique, c'est de restituer à ses légitimes possesseurs tout le territoire dont le Chili s'est emparé par la force depuis le 27e parallèle jusqu'à son actuelle limite septentrionale.

Voilà la solution complète. Comment la rendre effective ? C'est l'affaire de la Société des Nations. La prudence lui conseille d'agir avec énergie, et promptement, dans ce sens.

III. — L'arbitrage

Il est évident que la Société des Nations peut d'elle-même prendre l'initiative de trancher la question du Pacifique. C'est un droit que lui confère la nature même de son organisation. Mais pour lui faciliter cette initiative, il y a le recours pour les parties lésées de lui adresser une requête en vue de soumettre la question à son arbitrage. La Société des Nations ne saurait le leur refuser.

Le Pérou demande l'arbitrage. La Bolivie demande l'arbitrage. Cela suffit largement pour que la Société des Nations accepte la responsabilité de juger la question. Je pense, d'ailleurs, que, malgré les traditions de la diplomatie chilienne contraires à l'arbitrage au moins en ce qui concerne le conflit du Pacifique, le Chili aussi est aujourd'hui disposé à accepter que la Société des Nations en soit saisie. Ce qui me fait croire à cette disposition du Chili c'est l'avis d'un chilien distingué, un ami sincère des Alliés, qui compte parmi nous, parmi ceux qui se trouvent ici, beaucoup d'amis, au nombre desquels j'appartiens. M. Carlos Silva Vildósola — que je suis heureux de rappeler son nom ! — réclame en effet, dans un de ses vibrants articles d'*El Mercurio* de Santiago, une solution immédiate pour la question, la solution arbitrale, s'entend. Je ne puis m'empêcher de citer un passage de son article, tout en faisant mes réserves sur le dithyrambe qui perce de ses paroles en l'honneur du prestige de la force :

« Nous sommes les plus forts, nous avons en comparaison du Pérou toutes les supériorités qu'un peuple peut avoir sur un autre. Nous pouvons nous donner le luxe d'être francs et de braver la solution avec fermeté ». (1)

L'opinion publique, aussi bien au Chili qu'en Bolivie et au Pérou, réclame donc l'arbitrage.

(1) *El Mercurio* de Santiago, du 16 mars 1919.

CONCLUSION

J'arrive ainsi, Mesdames, Messieurs, au vœu final qu'il m'appartient de formuler.

Je me tourne vers les puissances qui constituent la Société des Nations, en particulier vers la France et l'Angleterre, vers l'Italie et le Japon, et surtout vers la République des Etats-Unis, qui est l'aînée des sœurs américaines.

Et le vœu que je leur adresse est ma conclusion :

Ce que je leur demande, en invoquant le droit international dans toute la pureté de ses conséquences logiques, c'est ce qu'a déjà demandé maintes fois, au nom de la plus haute morale, un chilien éminent, M. Juan Enrique Lagarrigue, c'est-à-dire : que la question du Pacifique soit résolue d'accord avec les intérêts suprêmes de l'Humanité.

Paris, Junio de 1919.

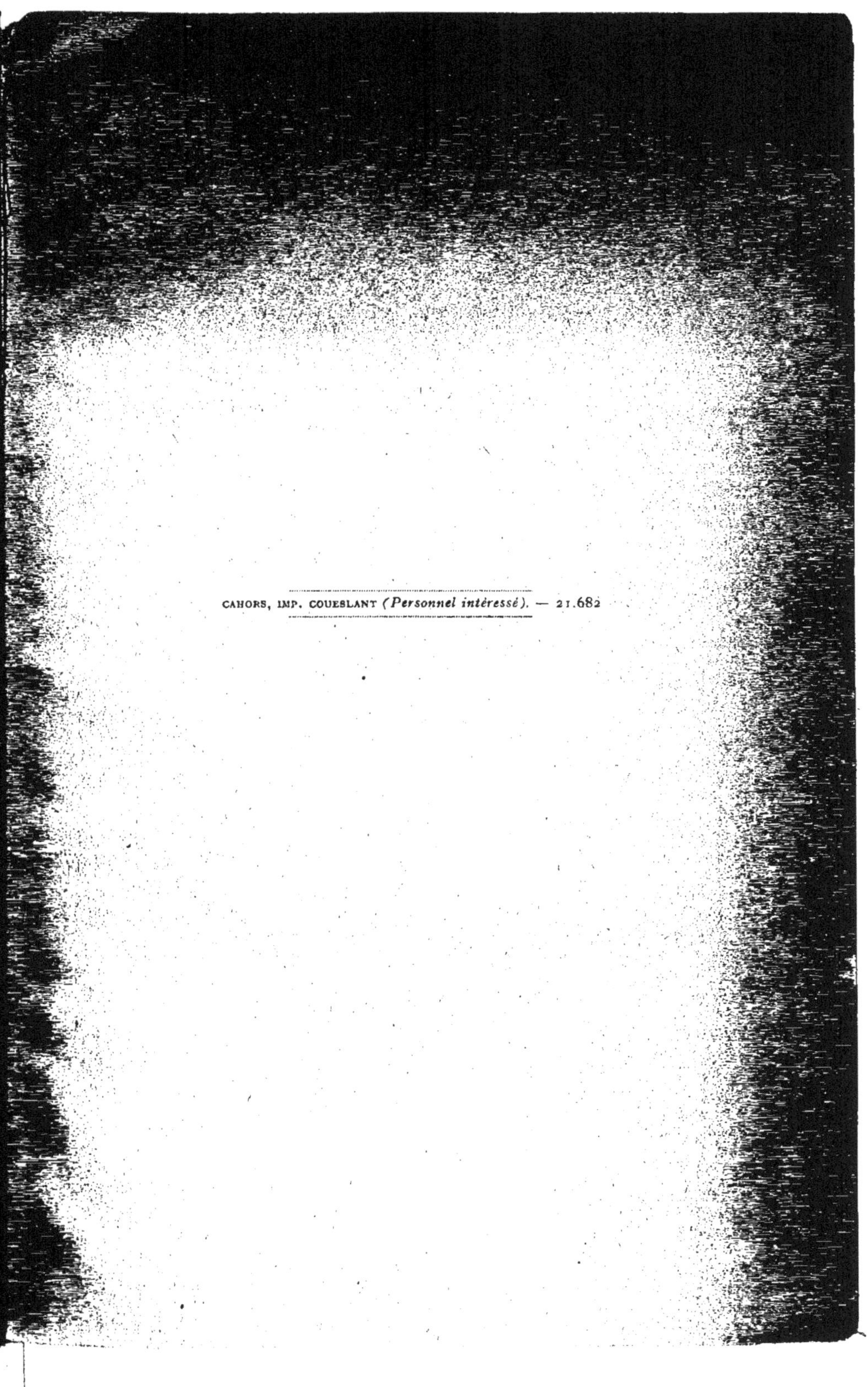

9 782019 990145